SENTENCIAS Y VERSOS DE ORO

PITÁGORAS

SENTENCIAS
Y VERSOS
DE ORO

PITÁGORAS

Edición de Pedro Gómez Carrizo
Introducción de Federico Macé
Comentarios de André Dacier
Traducciones de Eduardo Alonso y Rafael Urbano

© 2017, Biblok Book Export, s.l.
www.biblok.es

DL B 3013-2017
ISBN: 978-84-946620-2-7

Impreso en España – *Printed in Spain*

ÍNDICE

INTRODUCCIÓN

CARÁCTER ESENCIAL DEL PITAGORISMO

Antes de hablar sobre la vida de Pitágoras y la influencia que el filósofo ha ejercido sobre la evolución de las ideas y de las costumbres, nos parece necesario precisar el verdadero carácter de su genio y de su obra.

Los autores que se ocuparon de Pitágoras no hicieron resaltar todos, con bastante claridad, la idea maestra que le guio durante su vida. Influidos, según parece, por un espíritu de secta o por una cultura universitaria —queremos decir: escolástica— lo estudiaron, casi siempre, con un criterio estrecho, perdiendo así de vista la trascendencia de su vasto ideal. En efecto, mientras unos de sus biógrafos vieron, sobre todo, en Pitágoras un instructor en los misterios antiguos, los otros nos hablaron de él como legislador, astrólogo, mago, músico, médico o matemático.

Lastimoso es el hecho de no poseer escritos de Pitágoras, pues a esta falta de documentos originales debemos tantos estudios parciales y erróneos sobre él.

Para comprender el verdadero carácter del genio de Pitágoras, para juzgar su labor a la luz de la verdad sencilla, menos preciosas son para nosotros todos los comentarios de sus discípulos o biógrafos sobre su filosofía, que los pocos datos que poseemos sobre las principales acciones de su vida.

Es, en efecto, examinando de cerca aquellos hechos, profundizando el carácter de las relaciones del filósofo con los diferentes individuos, es meditando sobre la influencia que anhelaba ejercer sobre la vida toda de los pueblos y recordando sus principios fundamentales sobre las leyes de la vida, como se percibirá en su conjunto el grandioso ideal que había concebido y se podrá dar a su obra una interpretación correcta.

En realidad, Pitágoras fue un gran *reformador*, en la acepción más amplia y elevada de la palabra; un espíritu vasto y lúcido que intentó establecer un nuevo orden racional y científico en las costumbres generales del vivir, inspirándose en las leyes inmutables de la Naturaleza. Y para realizar este noble ideal practicó múltiples ciencias, procurando descifrar en la *armonía de las esferas* o en las *matemáticas trascendentales,* la física, la biología, etc., los arcanos de la Naturaleza, las leyes que rigen el *mundo.*

Por absurdo que parezca a primera vista este concepto frente a las ideas admitidas generalmente, no puede haber duda, para el que ha sabido penetrar, con un espíritu independiente, el pensamiento pitagórico, tan sutil en su esencia, y que ha sabido interpretar con lógica los principios oscuros o aparentemente contradictorios que encierra a veces esta filosofía, de que la idea principal, la intención que guio siempre a Pitágoras fue la de dar a la *Sociedad Humana fundamentos conformes a las leyes naturales.* Vio en esto la base de toda la moral y, por consiguiente, el principio de toda reforma. Él mismo dijo: «Vivir según la Naturaleza es vivir según los dioses».

La filosofía pitagórica constituye, desde luego, un caso muy particular y hasta podemos decir único entre las doctrinas que se propusieron dignificar la especie humana. En su mayoría, estas fueron, propiamente hablando, *religiones*, cuya influencia se ejerció principalmente sobre la moral de los pueblos, mientras que el pitagorismo era una verdadera escuela científica de iniciación en la vida, que pretendió transformar todo el mundo antiguo en su misma base, en sus principios, instituciones y costumbres más arraigadas.

La implantación de toda reforma idealista está subordinada a dos factores: el pedagógico y el social. Pitágoras había comprendido admirablemente esta gran verdad al fundar su Instituto-colonia. Psicólogo experimentado, sabía que no se consigue de los hombres, *por predicaciones solamente,* un cambio radical en su conducta. Para llevar a cabo tan delicada obra se necesita, en primer lugar, una institución adecuada que labore en formar cerebros jóvenes y en darles la marca del ideal y después un campo de acción para el desarrollo de una vida nueva. Pero el iluminado filósofo sabía también que, sin aspiraciones elevadas, sin fe en algo suprahumano, la pobre alma del hombre, la divina Psiquis, pierde pronto sus alas y cae en la materia y en el error...

Esta es, según nos parece, la interpretación que debemos dar a la doctrina de Pitágoras. Y sería, sin duda, cometer un error grande tomar al pie de la letra todas las ideas que algunos de sus biógrafos y hasta discípulos le atribuyeron. Muchas de ellas, más o menos supersticiosas, contrastan demasiado con su genio lúcido, trascendente y enamorado del progreso. Su benévola ironía, relatada por sus biógrafos, su conocido laconismo, demuestran más bien un espíritu elevado, prudente y perspicaz. Pero Pitágoras, al instruir a los hombres en los grandes arcanos de la Naturaleza, les presentaba estos bajo un aspecto ligeramente místico, pues sabía que los espíritus poco emancipados de aquella época no hubieran aceptado estas verdades bajo la simple forma científica.

Por eso, cuando los pitagóricos habían de los dioses, debemos entender que se refieren a las fuerzas o leyes cósmicas. En sus discursos, los dioses paganos no son, al parecer, seres vivos y tangibles, sino la personificación de ideas o virtudes. «No admires nada con exceso —dice un circunspecto adepto—; los dioses han nacido de la admiración de los hombres.» Vemos, por lo que precede, que el concepto pitagórico de la Divinidad no puede ser otro que *la personificación simbólica de las ideas de Poder y Sabiduría, aplicadas a las leyes de la Naturaleza.*

Parece evidente que Pitágoras, para facilitar la propagación de ideas, muchas veces contrarias a las creencias de su tiempo, debió hacer algunas concesiones a sus contemporáneos. Su filosofía armoniosa y tolerante, además lo exigía. Y es lo que explica el hecho de haber practicado en algunas ocasiones sacrificios paganos. Conviene añadir, sin embargo, que Pitágoras, fiel a los principios esenciales de su doctrina, ofrecía entonces en sacrificio, según dice Pórfiro, un buey hecho de pasta para no inmolar a un animal vivo.

Mejor dicho: Pitágoras había comprendido que la armonía de la vida pública o privada descansa sobre una doctrina religiosa y sabía también que una doctrina religiosa, para no ser arrastrada por las supersticiones que muy a menudo provoca, debe fundarse sobre una concepción racional y científica del universo. Pero, regenerar a la Humanidad en el seno de las verdades universales fue el fin secreto que se propuso, vasto ideal que testifica la fuerza y la elevación de genio.

PITÁGORAS: SU VIDA, SUS IDEAS E INSTITUCIONES

Pitágoras nació hacia la cuarenta y siete olimpiada —es decir, quinientos noventa años antes de la era cristiana— durante un viaje que sus padres hicieron a Sidón, en Fenicia. Pasó su juventud en la isla de Samos, donde su padre ejercía el oficio de lapidario y grabador en lacres.

Predestinado por una inteligencia superior y una sabiduría precoz a cumplir grandes tareas, Pitágoras experimentó temprano el vivo deseo de iniciarse en los más elevados conocimientos del saber antiguo. Movido por este noble ideal, dejó su ciudad natal a los diecisiete años y se dirigió hacia los países tenidos en la antigüedad por los más cultos y los más avanzados en las ciencias. Penetró en los santuarios de Egipto y permaneció alrededor de veinte años con los sacerdotes de Menfis. Como es sabido, la casta sacerdotal de Egipto formaba un verdadero colegio de sabios, que desde millares de años conservaban cuidadosamente en el fondo de sus templos los frutos de sus investigaciones científicas, como también importantes datos sobre la historia de los continentes y de las razas. La arqueología comprobó muchas veces cuán preciosos conocimientos poseían aquellos sabios del pasado,[1] ciencias perdidas en su casi totalidad por las guerras que devastaron aquellos países.

La invasión de los innumerables ejércitos de Cambises, rey de los persas, puso término a una gloriosa era de estudio y civilización. Una vez saqueado Egipto, Cambises —según dice Jámblico— hizo transportar a Pitágoras a Babilonia, con una parte del colegio sacerdotal egipcio. En la colosal y fabulosa ciudad, donde el genio de la civilización caldea había acumulado todas sus riquezas, Pitágoras tuvo aun la ocasión de estudiar nuevas ciencias. Si se atiende a los interesantes datos que la arqueología ha podido recoger de los anales de Caldea al término del último siglo, puede deducirse que los sabios de aquel país poseían conocimientos relativamente extensos, principalmente en astronomía y matemáticas.[2]

Después de un cautiverio de doces años, Pitágoras obtuvo, por fin, la autorización de volver a su país. Llevaba consigo el precioso tesoro de las experiencias acumuladas durante miles de años por los más grandes sabios del mundo antiguo. Además, había observado durante su estancia en los diversos pueblos, el estado precario de las naciones, en donde la autoridad de los gobernantes descansa sobre la ignorancia y abyección de los gobernados. Había asistido a revoluciones sangrientas y comprobado después cuantos frutos amargos habían producido. Comprendía que la vida social comporta problemas muy complejos que no podían resolver los pueblos solos, embrutecidos por regímenes de crueldad y de servidumbre. Pitágoras soñaba, desde entonces, en otra revolución más profunda y

de carácter muy distinto, por cie
trastornos que son obra de las
encadenadas; en aquel orden so
fructífero que sólo puede realiza
cuando se inspira en la Naturaleza. Mas, por
eso, era preciso librar la verdadera *Scientia Vitae* del mito burdo en que los sacerdotes egipcios convertían todo elevado conocimiento científico, con la finalidad de inculcar, en un pueblo ignorante y esclavo, la mayor veneración hacia las grandes leyes de la Naturaleza. Pitágoras, obedeciendo a un sentimiento más noble, «pensó que es más agradable instruir a los hombres que engañarlos...».[3]

Mas, el ilustre filósofo, sabía también que hubiera sido profanar tan precioso tesoro de ciencia y de sabiduría el ponerlo entero en manos de hombres dominados por las pasiones o por creencias supersticiosas. Pensó entonces que para lograr con eficacia la propagación de aquellas grandes verdades en la Humanidad, convenía comenzar por fundar en alguna parte una escuela donde hombres y mujeres, designados por su inteligencia y sus virtudes, vendrían a estudiar aquellas leyes universales, con el noble ideal de conformar su vida con las reglas de sabiduría que las mismas determinan.

Las pequeñas colonias griegas de la Italia meridional ofrecían —por su situación geográfica entre los dos más importantes focos de civilización de entonces: Grecia y Roma, así como por su reciente fundación— un asilo favorable al desarrollo de las ideas nuevas y generosas. Fue en una de ellas en donde Pitágoras decidió acometer su obra.

El Instituto pitagórico se elevaba en las afueras de Crotona. Un *Museum* o templo de las Musas, rodeado de un semicírculo de elegantes pórticos formaba el edificio principal. Estaba reservado a la enseñanza de la doctrina. El Instituto comprendía, además, numerosas dependencias consagradas a vivienda, a ejercicios, a juegos y a las artes. Sus vastos jardines, plantados de cipreses y olivos, se extendían hasta el mar.

La escuela pitagórica formaba una verdadera pequeña ciudad de sabios en medio de la flora encantadora del golfo de Tarento, Contaba según Porfirio, más de dos mil habitantes, hombres y mujeres, que, penetrados de entusiasmo por el nuevo ideal, habían renunciado a su habitual vida convencional y rutinaria, para aprovechar las lecciones del divino filósofo.

Las personas de toda condición y de todo estado podían ser admitidas en la comunidad siempre que reuniesen las cualidades morales requeridas. El solo mérito podía abrir, para el candidato, las puertas de esta poética mansión.

Llegado al umbral de la escuela pitagórica, leía esta inscripción: «¡Atrás los profanos!» Entonces es cuando se entregaba a un examen de conciencia. ¿Se encontraba débil e indeciso?, una voz interna le aconsejaba volver atrás. ¿Se sentía, al contrario, fuertemente amoroso de la sabiduría y decidido a poseer sus secretos, costase lo que costase?, pasaba más adelante. Pero las pruebas morales no hacían más que principiar.

Durante el primer período del noviciado, los jóvenes candidatos eran objeto, por parte de sus maestros, de un constante estudio psicológico. Sus palabras, sus actitudes, sus juegos, eran atentamente observados.[4] La finalidad de este examen consistía en proporcionar, sobre la naturaleza moral del neófito, indicaciones útiles para determinar las modalidades de las pruebas definitivas.

Para dar una idea adecuada de aquellas pruebas, referiremos dos ejemplos citados por Édouard Schuré, el autor que, según nuestro juicio, mejor ha traducido el espíritu sutil de los pitagóricos:

Hacían pasar la noche al aspirante pitagórico en una caverna de los alrededores de la ciudad, donde pretendían que había monstruos y apariciones. Los que no tenían la fuerza de soportar las impresiones fúnebres de la soledad y de la noche, que se negaban a entrar o huían antes de la mañana, eran juzgados demasiado débiles para la iniciación y despedidos. La prueba moral era más sería. Bruscamente, sin preparación, encerraban una mañana al discípulo en una celda triste y desnuda. Le dejaban una pizarra y le ordenaban fríamente que buscara el sentido de uno de los símbolos pitagóricos, por ejemplo: «¿Qué significa el triángulo inscrito en el círculo?», o bien: «¿Por qué el dodecaedro comprendido en la esfera es la cifra del Universo?»

Pasaba doce horas en la celda con su pizarra y su problema, sin otra compañía que un vaso de agua y pan seco. Luego le llevaban a una sala, ante los novicios reunidos. En esta circunstancia, tenían orden de burlarse sin piedad del desdichado, que malhumorado y hambriento comparecía ante ellos como un culpable.

«He aquí —decían— el nuevo filósofo. ¡Qué semblante más inspirado! Va a contarnos sus meditaciones. No nos ocultes lo que has descubierto. De ese modo meditarás sobre todos los símbolos. Cuando estés sometido un mes a ese régimen verás cómo te vuelves un gran sabio.»

En este preciso momento es cuando el maestro observaba la actitud y la fisonomía del joven con profunda atención. Irritado por el ayuno, colmado de sarcasmos, humillado por no haber podido resolver el problema, un enigma incomprensible para él, tenía que hacer un gran esfuerzo para dominarse. Algunos lloraban de rabia; otros respondían con palabras cínicas; otros, fuera de sí, rompían su pizarra con furor, llenando de injurias al maestro, a la escuela y a los discípulos.

Pitágoras comparecía entonces y decía con calma que, habiendo soportado tan mal la prueba de amor propio, le rogaban no volviese más a una escuela de la cual tan mala opinión tenía, y en la que las elementales virtudes debían ser la amistad y el respeto a los maestros. El candidato despedido se iba avergonzado y se volvía a veces un enemigo temible para la Orden, como aquel famoso Cylón, que más tarde amotinó al pueblo contra los pitagóricos y produjo la catástrofe de la Orden, Los que, al contrario, soportaban los ataques con firmeza, que respondían a las provocaciones con palabras justas y espirituales y declaraban que estaban prestos a comenzar la prueba cien veces para obtener una sola parcela de sabiduría, eran solemnemente admitidos en el noviciado y recibían las entusiastas felicitaciones de sus nuevos condiscípulos.[5]

Pitágoras pensaba que el hombre orgulloso es un factor de perturbación y de discordia, incapaz de progresar en el camino de la perfección, lo que explica la importancia que daba el filósofo al cumplimiento de esta última prueba moral.

Una vez definitivamente admitido en la fraternidad pitagórica, el nuevo adepto debía vestirse de una túnica de lino puro (es decir, blanco), y abstenerse de comer carne, pescado, habas y del uso de toda bebida fermentada. Se dedicaba, desde entonces, bajo la dirección de maestros designados por Pitágoras, al estudio de las matemáticas trascendentales, de la cosmogonía, de la biología, de la astronomía, de la música, a los ejercicios físicos y a todo lo que contribuye, en fin, a recordar las grandes leyes de armonía que rigen el mundo (*kosmos*) y a revelar los sutiles lazos que unen al hombre con el Gran Todo.

Con frecuencia estos maestros comparaban al hombre con el universo, exhortando a sus discípulos a imitar la sabiduría de la Naturaleza.

«El hombre —decían— es un pequeño mundo (microkosmos): Posee un cuerpo físico, como el universo posee una naturaleza física; tie-

ne vida y fuerzas, como el universo tiene sus energías y su movimiento; experimenta emociones que se pueden comparar en la Natura a los fenómenos meteorológicos; tiene una razón, que equivale a la providencia maternal de la Naturaleza; en fin, el hombre aspira a la sabiduría, a la armonía, a la felicidad y a la justicia y esta noble facultad es el reflejo humanizado de estas supremas Leyes que rigen la evolución universal.»[6]

Pero, por encima de todo, predicaban a sus alumnos la fraternidad, la tolerancia y la razón: «Perdonemos con anticipación —decían— a los que tengan la intención de ultrajarnos. El hombre iluminado no puede experimentar resentimiento contra el bastón del ciego que le pega». Y daban por ellos mismos el ejemplo de la modestia, diciendo: «Nosotros dejamos a los soberbios el título de *sabio*; nos esforzamos en merecer el nombre más modesto de *filósofo*».[7]

La enseñanza pitagórica se dividía en dos clases, que correspondían a dos grados distintos de aptitudes. En la enseñanza elemental, los discípulos se sometían a la regla del silencio, es decir, que debían, durante varios años, conformarse con escuchar las lecciones de sus maestros sin informarse de sus secretas razones. Eran aquellos los discípulos en quienes Pitágoras no había reconocido suficientes aptitudes para ingresar directamente en la enseñanza superior. Por eso exigía de ellos pruebas de constancia penetración de espíritu. Se les llamaba «oyentes» (*akustikoi*). En ellos pensaba, sin duda, Isócrates, cuando escribía:

Admiramos, hoy día, más a un pitagórico cuando se calla, que a los hombres más elocuentes cuando hablan.

Después de algunos años de enseñanza elemental se invitaba a los discípulos a exponer libremente sus opiniones, sus dudas, las experiencias, en fin, que habían recogido de sus meditaciones y de sus estudios. Los adeptos, a los cuales se reconocía suficientes capacidades, ingresaban en la enseñanza superior.

Pero no era indispensable pasar por la enseñanza elemental para alcanzar la superior. Los neófitos que durante el período de pruebas se habían distinguido por su aptitud en profundizar las cosas, por la nobleza de sus sentimientos también, eran admitidos enseguida en la clase más perfecta. En este grado, los maestros explicaban a sus discípulos las causas abstractas de los conocimientos enseñados en la clase elemental. Se les llamaba, por eso, iniciados en las ciencias (*matematicoi*). Eran los únicos que Pitágoras recibía en su intimidad y que reconocía por verdaderos discípulos.

Los pitagóricos se consideraban independientes, políticamente hablando.

Celosos de nuestra independencia —decían— rechazamos la protección de los gobiernos, no se protege a hombres que saben bastarse a sí mismos.

Estimaban que sólo convenían estos regímenes a la masa de los individuos arrastrados por sus pasiones y que necesitan, por eso, *frenos*. «El médico y el enfermo no se acuestan juntos», decían también ellos. Pero el sentido profundo que tenían de la patria humana, su visión superior de una humanidad fraternal y regenerada, su mutuo desprecio por las intrigas políticas y sociales, elevaba a estos idealistas convencidos hasta aquel sentimiento generoso donde el hombre ya no se siente extraño en ninguna parte.

La jornada pitagórica se ordenaba como sigue. Al salir el sol, los discípulos más jóvenes cantaban un himno armonioso y alegre a la Naturaleza. Danzas graves y lentas, acompañadas por los nobles acentos de la lira, concluían esta ceremonia, dándole un carácter sagrado. Después seguían las abluciones y estudio. A mediodía la comida. Se componía en su mayor parte de pan, higos, olivas y miel.

Durante la tarde, los pitagóricos consagraban sus horas de ocio a paseos por lugares solitarios,[8] que favorecían la meditación sobre los estudios de la mañana, y después el baño, para reposar el cuerpo de las fatigas del día. Pitágoras no permitía, como es sabido, ni caza ni pesca en estas horas de ocio, «que ni una gota de sangre debía manchar, ni un solo grito de dolor debía turbar». El respeto a la Vida era fundamento de su doctrina: «Si se os obliga a usar armas homicidas, pasad a otra parte», aconsejaba a sus discípulos.[9]

Transcurrido el día, cuando el disco solar se ocultaba tras el horizonte, empezaban otra vez los cantos armoniosos, himnos dedicados a los difuntos ilustres. En la calma del anochecer, perfumado por el olor balsámico de la vegetación meridional, resonaban los graves cantos de los pitagóricos, mientras el incienso ardía sobre los altares, en el campo.

Después de una cena ligera, los pitagóricos se reunían para escuchar una lectura que comentaba uno de los discípulos de más edad.

Pitágoras estableció en su Instituto una sección especial para las mujeres, paralela a la de los hombres y adecuada a las funciones de aquéllas. La finalidad de esta iniciación bilateral cabía en la armonización de las dos naturalezas masculina y femenina por estudios apropiados.

Gracias a una instrucción competente y a la iniciación en altos principios de sabiduría, la igualdad de los sexos había logrado, en el Instituto pitagórico, alcanzar su más armónica perfección. El matrimonio revestía en estas condiciones un sentido particular y sublime. Consistía, como lo escribe Schuré, «en la penetración de dos almas en el centro mismo de la Vida y de la Verdad», «en una comunión generosa en el seno de la Naturaleza». Pitágoras, desconfiado de la influencia moral de la mujer instintiva, había conseguido hacer de la mujer iniciada la digna compañera del filósofo.

Pitágoras condenó la licencia de las costumbres griegas y enseñó «que nada había más injusto ni que pudiera proporcionar mayores desgracias que el confundir las familias por el adulterio, ingiriendo extraños en ellas».

Respecto a las relaciones sexuales, cuando venían a consultarle sobre este delicado asunto, Pitágoras decía: «Alguna vez, durante la primavera y el otoño, raramente en el invierno, casi nunca en el verano». A sus discípulos del primer grado, enseñaba: «No cedáis a la voluptuosidad más que cuando consintáis en llegar a ser inferiores a vosotros mismos».

Quería distinguir con esto, según parece, la unión carnal ordinaria de la autorizada a los iniciados, la cual se dignificaba, por decir así, con cierta elevación moral. Pues, estos al cumplir la ley natural de la generación, no obedecían, según nuestro entender, a un sentimiento personal y egoísta. Pitágoras consideraba, en efecto, la sensualidad como una *desarmonía* en la vida del adepto, y veía en el amor personal un gran obstáculo a la evolución del espíritu.

Un día, un discípulo preguntó a Pitágoras cuándo se le permitía acercarse a una mujer, y recibió esta irónica respuesta: «Cuando estés cansado de portarte bien».

A los llamados *iniciados* sólo les permitía cumplir el acto de generación unas pocas veces en la vida, juzgando que un hombre que posee una numerosa familia no puede prácticamente dedicarse a su propio desarrollo espiritual, ni cuidar la educación de todos sus hijos. Pensaba, en sustancia, que rinde un testimonio más honorable a la Naturaleza una familia poco numerosa y *escogida*, que otra superior en número más inferior en calidad. Aconsejaba a los hombres abstenerse antes de los veinticinco años de edad y después de los cuarenta. Las mujeres un poco más temprano.[10]

Pitágoras logró en algunos años, por la dulce magia de una filosofía clara y generosa —por la elocuencia de sus razones, también— sacar muchos pueblos del estado de abyección o semisalvajismo en que vivían. Restablecía la paz en las naciones, la concordia en las familias, era la providencia de las ciudades por las cuales iba, «no para enseñar —decíase—, sino para curar las almas».

He aquí los nobles términos que emplea Schuré para evocar el poder maravilloso de Pitágoras sobre los hombres:

Él envolvía de gracia la austeridad de sus enseñanzas. De su sabiduría se escapaba una llama comunicativa. La belleza de su semblante, la nobleza de su persona, el encanto de su fisonomía y de su voz acababan de seducir. Las mujeres le comparaban a Júpiter. Los jóvenes, a Apolo hiperbóreo. Cautivaba, arrastraba a la multitud, muy admirada al escucharle, de sentirse enamorada de la virtud y de la verdad. Cuando hablaba, sus ojos graves y lentos se posaban sobre el interlocutor y le envolvía en

una cálida luz. El aire, a su alrededor, parecía
volverse más ligero e intelectualizarse todo.

Pitágoras enseñaba que la salud es una
condición esencial de la filosofía, pues sin
ella no hay serenidad completa de espíritu.
«La filosofía —decía— consiste en la igualdad de los humores del alma y la armonía de
los movimientos del cuerpo». Plinio pretende
que, además de la abstención de las carnes,
que Pitágoras preconizó, por considerarlas
como un alimento impuro, había escrito o
dictado a sus discípulos un tratado sobre las
virtudes curativas de las plantas. Otras aser-
ciones más interesantes todavía, como las
que contiene el Timeo de Platón, demuestran que poseía importantes conocimientos
en medicina. Y estamos inducidos a pensar
que Hipócrates, ese médico filósofo que vivía
doscientos años después del sabio de Samos
—es decir, en una época penetrada de las
ideas pitagóricas—, se inspiró mucho, para
establecer sus principios *naturalistas* de medicina, en las enseñanzas biológicas y hasta
cosmológicas de Pitágoras.[11]

Diremos ahora algunas palabras de los
principios en los cuales Pitágoras fundaba sus
leyes políticas y morales:

Según enseñaba el mismo filósofo por la Ciencia de los Números, *la unidad es la esencia de todo ser*. Sólo podemos llamar *ser* a lo que es *uno*. Por lo tanto, la armonía es la ley misma de la unidad.

Todo ser vivo está sujeto a esta ley, pues vida es armonía. El mundo entero no existe más que por la armonía y constituye, por sí mismo, como decía Pitágoras, una armonía, Y Dios mismo no es, también, más que la armonía suprema, *el acuerdo fundamental que reside entre todas las cosas distintas, diferentes*[12] *y contrarias dentro de la unidad universal*. Si es verdad, desde luego, que no conviene confundir completamente esta armonía trascendental con Dios mismo, puesto que ella es el efecto y Dios la Causa, constituye, por lo menos, *la más alta manifestación del Principio Supremo e inconcebible*, o, si se prefiere, *el estado divino*.

Se comprenderá entonces el sentido profundo de la filosofía pitagórica, cuya idea esencial se puede así definir:

Dios es todo armonía y el fin supremo del hombre es imitar a Dios.

Por eso, Pitágoras decía que la Sociedad Humana, la cual constituye también una unidad, debe ser como la imagen reducida del universo; es decir, un organismo armonioso.

Estos principios de armonía y de orden, Pitágoras procuró implantarlos en la constitución del Estado, introduciendo en él un nuevo elemento regulador y arbitral bajo la forma de una asamblea compuesta de ciudadanos iniciados por el mismo filósofo.

Como es lógico, Pitágoras reconocía a los hombres igualdad de derechos naturales, pero pensaba también que mientras los unos son instruidos, inteligentes y virtuosos, los otros —la mayoría— son incapaces, ávidos y disipados. El orden es cosa frágil en una nación donde los malos ciudadanos, dominados por sus pasiones egoístas, pretenden guiar también el carro del Estado con el mismo título que los buenos.

Más tarde, Platón dijo que la democracia es la historia del burro que quiere pasar, sobre el camino, por delante del caballo. Pitágoras juzgaba que los hombres, en su mayoría, no saben guiarse por sí solos según el dictado del buen sentido. Dominados por los instintos egoístas, necesitan guías o pastores, para conducirlos, como un vil rebaño, por el buen camino.

Sin embargo, no anhelaba Pitágoras obtener de ellos aquella obediencia pasiva y resignada que contribuye a mantener en el embrutecimiento a los pueblos sometidos a un poder absoluto, sino, más bien una disciplina consentida. Él mismo decía que «más vale para un hombre ser toro un día que no buey toda su vida».

Pero, para implantar en el Estado este orden, esta armonía ideal y para mantenerla siempre victoriosa sobre las ambiciones humanas, requería ministros iluminados e íntegros. Estos debían ser algo semidioses como seres muy superiores en lo moral e intelectual al común de los mortales. Por eso decía el filósofo:

¡Pueblos! No pudiendo tener dioses por legisladores, recurrid, por lo menos, a los sabios.

Como se ve, la forma de gobierno preconizada por Pitágoras tenía un carácter *aristocrático*, tomando esta palabra en el sentido de «selección»[13] que encierra su etimología.

Se comprende fácilmente que estas grandes reformas propuestas por Pitágoras a un pueblo penetrado, como el pueblo griego, por las ideas democráticas, hayan encontrado más de un obstáculo. Este concepto idealista de un gobierno compuesto por los ciudadanos más dignos de estas funciones y extraño a las tendencias políticas corrientes no debía satisfacer a la mayoría. Sin embargo, gracias a su genio político y a su elocuencia, Pitágoras, que había conseguido instaurar este régimen en Crotona, pudo mantenerlo durante la cuarta parte de un siglo, quedando, en realidad —por medio del consejo supremo, cuyos miembros estaban escogidos entre sus discípulos— como jefe efectivo de la República. Y hemos de pensar cuán grande debía ser su ascendiente sobre el gobierno de Crotona, al recordar que el Senado le ofreció llevar oficialmente este cargo de honor. Pero, Pitágoras, que no perseguía fines ambiciosos, pensaba también que los dones más selectos de la Naturaleza, el genio, la sabiduría, el amor al prójimo, son valores universales que no tienen otra patria que la Humanidad y rehusó el ofrecimiento del Senado.

No conocemos el criterio que Pitágoras profesaba sobre la forma de un régimen económico-social ideal. Las dificultades múltiples que debió de encontrar para armonizar en los negocios públicos muchas tendencias y aspiraciones contrarias, dificultades aumentadas todavía por el carácter abstracto de sus reformas, hubieron, probablemente, por consecuencia, de hacerle prescindir de la discusión pública en tan delicada cuestión. Si nos fijamos en los conceptos casi teocráticos de Pitágoras, que consistían en subordinar, en lo político y social, el interés individual al colectivo, sometiendo este, a su vez, a una razón científico-religiosa, nos inclinamos a creer que hubiera dado poca extensión a la propiedad individual, poniendo las riquezas naturales en poder del Estado. Este suponía encarnar, entonces, la autoridad divina, la Ley ante la cual todos los hombres son hermanos y merecedores, por igual, de la solicitud de Dios. Había adoptado en su Instituto el régimen de comunidad de los bienes, por entender que eso era lo más moral y lo más digno de una sociedad fraternal.

La comunidad pitagórica representaba, por decirlo así, como *el ideal realizado*. Descansaba sobre aquella misma constitución científica y filosófico-religiosa que anhelaba Pitágoras para los pueblos, con cierto carácter político inspirado en los mismos principios de unidad. Constituía como un pequeño Estado independiente. Pero, en lugar de gobernar a una multitud instintiva y disipada, consistía en una escuela que pretendía emancipar las inteligencias por medio de la Filosofía, de la Ciencia y del Arte. Era, en realidad, el embrión de la Gran República Humana, sueño dorado de los idealistas. Platón, más tarde, se inspiró en estas mismas ideas pitagóricas, pero su pensamiento no alcanzó nunca un concepto tan vasto y elevado. Se apoderó, a decir verdad, de la filosofía de Pitágoras y, preocupado únicamente en adaptarla a la vida pública accesible a los hombres de su tiempo, no vaciló en alterar sus principios más elevados, para ponerlos al alcance de los profanos.[14]

Como acabamos de decir, la escuela pitagórica engendró muy profundas transformaciones en la sociedad antigua. Pues, mientras laboraba Pitágoras con sus discípulos en la emancipación moral del pueblo, procuraba también reformar la constitución de los Estados. Anhelaba, sobre todo, instaurar en las naciones una perfecta equidad y la igualdad social. Defendía también el derecho de los pequeños pueblos a la independencia, pero les recomendaba que conservasen la igualdad entre ellos «porque —decía— la igualdad no engendra la guerra».[15]

El mismo filósofo hizo independientes muchas ciudades y libertó otras del yugo de la tiranía. Se cita el caso de un tirano que renunció a la soberanía conmovido por los elocuentes discursos de Pitágoras. Falaris de Creta, el más cruel de todos, resistió a las exhortaciones del filósofo, pero la generosa intervención de éste tuvo la consecuencia de animar el valor de los cretenses. Falaris pereció en medio de una revolución algunos días después.

Sin cesar crecía la reputación de este divino hombre, cuya beneficiosa influencia restablecía en todas partes la justicia y la armonía. Las Repúblicas de la Magna Grecia rogaban a Pitágoras que enviase legisladores para asistir a los mandatarios del pueblo en la conducta del Estado. Los pitagóricos llegaron así, durante la cuarta parte de un siglo, a ejercer un poder regulador y arbitral entre pueblos y gobiernos, y, por consecuencia, entre estados vecinos.

Como se ve, el arbitraje internacional hizo sus primeras pruebas en los tiempos antiguos bajo la égida de Pitágoras.

El providencial poder del filósofo, salvaguardia de la prosperidad y de la tranquilidad públicas, hubiera debido, como es lógico, encontrar en el pueblo fieles partidarios.

Pero no fue así como sucedió. Los celos de algunos ambiciosos influyeron en la conciencia pública, provocando la catástrofe de la Orden.

Un cierto Cylón, joven rico y ambicioso, que Pitágoras no quiso admitir entre los matemáticos por ser su carácter violento y orgulloso, había concebido como consecuencia de esta negación, un odio implacable hacia la escuela pitagórica y no pensó más que en vengarse. Animado por cierto crédito público que le daba su nacimiento y sus riquezas, Cylón procuró fundar en Crotona un club opuesto a la institución de Pitágoras, consagrando sus esfuerzos y su dinero a desacreditar al filósofo y hacerle sospechoso a los ciudadanos de la República.

Esta maquinación prendió fácilmente en el pueblo, que pronto atribuyó a Pitágoras miras ambiciosas sobre el Estado. Invitado por el Senado de Crotona a justificarse, Pitágoras salió lavado de estas calumniosas acusaciones. Entonces, Cylón, herido en su orgullo por este fracaso público, no dudó en cometer una cobardía para alcanzar su venganza.

Un día una turba de sicarios conducidos por Cylón y algunos amigos suyos, se precipitó en el umbral de la escuela. Pitágoras estaba ocupado con la élite de sus discípulos en la redacción de algunas nuevas leyes que le habían pedido varios ciudadanos para ser presentadas al consejo de los Mil.

Pero dejemos a Lysis, su fiel discípulo, el cuidado de relatar el final de la escuela pitagórica:

Si no hubiéramos escuchado más que nuestro coraje e instinto de defensa, habríamos podido rechazar aquellos violadores de nuestro asilo. El maestro nos recordó nuestros principios, que nos impedían hacer uso de armas. Nos contentamos con agruparnos alrededor de la persona de nuestro maestro y no oponer otra barrera que la veneración debida a sus virtudes, a su genio y a sus años. Hubimos al principio de felicitarnos de esta impasibilidad filosófica. Después de haber roto las puertas, desgarrado el velo que nos separa de los profanos, el pueblo retrocedió impresionado por un santo respeto. Pero esta escena muda y sublime no produjo otro efecto que encender la rabia en el corazón de Cylón y sus cómplices conjurados. Ante nuestra moderación y la del pueblo mismo, echaron mano de las antorchas inflamadas e incendiaron nuestra morada.

Pocos escaparon al incendio. Pero Pitágoras no debía caer en manos de la multitud. Salvado milagrosamente, anduvo errante por el campo, para sustraerse a la persecución de sus enemigos y se fue a morir de hambre y de fatiga a Metaponto, en el Templo de las Musas. Tenía cerca de noventa años.

Después de estos trágicos sucesos, las Ordenes pitagóricas se repartieron por innumerables ciudades de Grecia e Italia, y propagaron durante tres siglos las sabias enseñanzas del maestro. Sus discípulos y herederos espirituales más celebres son: Lysis, Timeo de Locres, Heráclito, Empédocles, Hierocles, Sócrates, Platón, Apolonio de Tiana, etc.

Muchos han sido los filósofos que se inspiraron en Pitágoras. Pero la grandiosa obra que el osó emprender: la regeneración de la especie humana por su comunión con la Naturaleza, queda todavía como un sueño hermoso y tentador para los idealistas confiados en los destinos elevados de la Humanidad y convencidos de que la armonía es la finalidad suprema de la Vida.

LOS NÚMEROS

Los pitagóricos concebían la existencia de un principio absoluto, exterior al Tiempo y al Espacio y, por lo tanto, no manifestado en la naturaleza. Lo llamaban: el Uno primero o la Mónada. En las matemáticas transcendentales, la Mónada representa, por consiguiente, la esencia de la Divinidad. A Dios manifestado lo designaban: el Uno mónada, principio que contiene en esencia todos los seres y todas las cosas, verdadera fuente eterna de la vida. Pero los pitagóricos conocían también otras dos unidades, a saber: la unidad del mundo increado y creado (Dios y la naturaleza), considerado como un todo completo, y la unidad en tanto como cualidad de las partes del Todo.[16]

El dos o Duada simboliza la facultad generadora de la Mónada. Es el Logos de los hindúes, el Verbo de los hebreos y cristianos. Ella engendró el mundo. Considerado en su unidad, Dios reúne, por consiguiente, un principio masculino, la Mónada, y uno femenino, la Duada. Constituye una dualidad. El dos simboliza también la ley binaria manifestada en la Naturaleza. Así: los dos sexos, el día y la noche, etcétera.

El mundo o *macrocosmos*, expresión de la Divinidad en el Espacio y el Tiempo, se representa por la Triada. Se compone de tres principios esenciales: el espíritu (Mónada manifestada), la vida sensible (emanación de la Dúada) y un nuevo elemento: la materia (condensación de la Mónada realizada por la Dúada). El hombre o *microcosmos* está constituido también con estos tres principios: espíritu, sensibilidad-vida y cuerpo. La Triada da a todas las cosas de la Naturaleza su constitución ternaria, así como lo podemos comprobar en

la célula orgánica, en los tres sistemas orgáni-
cos del hombre y de los animales (el cerebro
espinal, el digestivo y el respiratorio-sanguí-
neo), etc. Es el sello de la Divinidad manifestada en la Naturaleza.

Pero, por lo mismo que el ternario universal
está condensado en la unidad esencial de Dios
o Mónada, el ternario del hombre se condensa
en la unidad de su ser o sea su individualidad
manifestada en el Yo. Es este temario, atribu-
to del microcosmos como del macrocosmos,
que, resumido en la unidad divina primordial
o Mónada, constituye la Tétrada (del griego,
tetra: 4). La Tétrada es, con otros términos, la
unión de lo creado con lo increado, del cosmos, obra de la Divinidad, con la Divinidad
misma; y se comprende entonces la importancia que daban los pitagóricos a aquel *juramento* solemne en el cual evocaban «la Tetrada
sagrada, inmenso y puro símbolo, fuente de la
Naturaleza y modelo de los Dioses».[17]

El número cinco da a la materia sus cualidades su forma visible. Representa los cinco elementos materiales (fuego, tierra, agua,
aire y éter). Simboliza también la unión, en la
humanidad, del principio masculino (primer
número impar creado: 3), con el femenino
(primer número par: 2), por el matrimonio.

El número siete tenía también gran importancia para los pitagóricos. Es la unión de la Tríada con la Tétrada, de lo humano con lo divino, el yoga de hindúes y la comunión de los cristianes. Era la cifra de los iniciados. El número siete representa también una de las grandes leyes constitutivas de la Naturaleza. Hay siete colores en el espectro solar, siete sonidos, siete metales tipos, siete planetas (regidos la ley de Bode), etc.

En cuanto al número diez o Década, es el producto de la asociación de la Mónada con la Dúada, la Tríada y la Tétrada ($1 + 2 + 3 + 4 = 10$). Representa la Divinidad que ha cumplido la evolución de todos principios que integra. Es el número perfecto, símbolo de una armonía nueva y absoluta contenida en la finalidad de las causas.

En resumen, los pitagóricos consideraban los números como el fundamento de todo lo que ha de ser o ha sido siempre. «Sin los números —decían—, nada podría existir.» Ellos, con sus combinaciones infinitas, son «la razón de ser» de todas las cosas; constituyen «la esencia» de las cosas y son, en realidad, «las cosas mismas».

SENTENCIAS

ADVERTENCIA

Indispensable nos parece advertir al lector que las Sentencias coleccionadas en este librito no constituyen todas, propiamente hablando, instrucciones de Pitágoras. Conviene más bien considerarlas en su mayoría como preceptos derivados de sus enseñanzas o para traducir más delicadamente nuestro pensamiento, diremos: como preciosas flores de idealismo escogidas en el jardín de la filosofía pitagórica.

Sin embargo, si se conviene en reconocer auténticos algunos símbolos, proverbios y axiomas, transmitidos por los pitagóricos como las verdaderas enseñanzas de su maestro, nada nos prohíbe ver también en ciertos pensamientos abstractos de estos mismos filósofos, así como entre numerosos adagios antiguos de un carácter particular, otros preceptos del gran reformador.

Para fundar esta opinión nos referimos, sobre todo, a la reputación de sabiduría y de justicia casi proverbial que había adquiri-do en los pueblos griegos y romanos el solo nombre de Pitágoras, reputación sancionada por tantos autores antiguos y hasta por los primeros Padres de Iglesia. En efecto, pocos filósofos tuvieron discípulos tan fieles y agra-decidos, oyentes más atentos y penetrados de una confianza tan unánime como el sabio de Samos. De todas partes venían hombres iluminados a escuchar sus lecciones. En las circunstancias delicadas, las repúblicas grie-gas enviaban diputados a Crotona para to-mar consejo del ilustre filósofo. Y conocida la propia costumbre de Pitágoras de dar sus instrucciones en un estilo simbólico que ex-presaba con tanta nobleza los múltiples as-pectos de su pensamiento, muchos de estos consejos eran tan respetados por su profunda sabiduría que como si fueran leyes sagradas se conservaron por el uso, en los pueblos, bajo la forma de proverbios.

Las mismas razones inducen a opinar también que muchos adagios antiguos, pro-pagados por las colonizaciones griegas y ro-manas, y que han sido conservados hasta no-sotros por la tradición popular, no son otra cosa que preceptos pitagóricos más o menos deformados por el uso de los pueblos, como lo puede demostrar el estudio atento de la literatura antigua.

Y para convencerse de que la autenticidad de estos preceptos de procedencias diversas no es una vana quimera, basta recordar que las obras de numerosos autores antiguos, discípulos o biógrafos de Pitágoras, contienen preciosas indicaciones, permitiendo reconocer en la sabiduría antigua el verdadero origen de ciertos adagios filosóficos. Pues, si no tenemos la fortuna de poseer auténticos escritos de Pitágoras,[18] sus consejos, por lo menos —esparcidos en los anales de esta humanidad que aspiraba a regenerar—, llevan siempre la marca indeleble de su admirable genio.

Como comprobará el lector atento, muchas de estas sentencias ocultan, detrás de una significación literal a veces muy sencilla, otro sentido más abstracto. Algunas encierran hasta varias ideas esenciales. Y, por eso, se descubrirá pocas veces el alcance moral de estos sutiles pensamientos por una lectura superficial. Estas sentencias, por lo visto, no son simples máximas, sino, más bien, temas de meditación, destinados a los espíritus juiciosos.

Sin embargo, creemos necesario esclarecer desde ahora ciertos puntos que podrían originar falsas interpretaciones:

Los pitagóricos clasificaban generalmente a los hombres en dos grandes categorías: la más selecta correspondía a *los filósofos*, es decir, a los hombres que buscan la verdad y procuran vivir conforme a sus mandamientos. La segunda la llamaban: *el pueblo*. Era la masa de los ciudadanos, dominados por los prejuicios, la superstición y los instintos inarmónicos. La expresión «el pueblo», cuya significación se ha restringido, hoy día, hasta designar generalmente esta palabra los hombres de condición humilde, significa aquí los gobernados o, más exactamente, *los gobernados de un grado moral poco elevado*.

Para interpretar como conviene las sentencias pitagóricas, es necesario no olvidar que el generoso ideal que animaba a Pitágoras cuando instruía a los hombres consistía en hacerlos *conscientes* y *libres*. Y si, por empeñarse estos en permanecer en la multitud instintiva y egoísta, les califica, a veces de *rebaño*, no es menos riguroso con los hombres que asumen la magistral función de pastor, o sea los legisladores. «Estos —dice— deben ser más puros que los demás». Puede que muchos de estos preceptos —por el puro idealismo que encierran— parezcan al lector de una aplicación difícil para la mayoría de los hombres, pero evidencia que el mismo filósofo lo hubiera reconocido, sin ninguna duda, pues no ignoraba que pocos hombres son sabios. Y por eso, sin duda, su admirable filosofía nos enseña que en el libro de la Naturaleza sólo el término *sabiduría* es sinónimo de *liberación*.

No negamos, desde luego, que algunos de estos consejos tienen un carácter un poco anticuado y que no corresponden todos a las necesidades actuales de la evolución. Pero tampoco hemos querido hacer un libro de moral para los hombres modernos. Como ya hemos dicho, Pitágoras pensaba que pocos individuos son aptos para entender ciertas verdades y «que no conviene decir todo a todos». Recurriendo a símbolos para traducir su pensamiento, lograba así —para emplear las propias palabras de Heráclito— enseñar su doctrina «sin divulgarla y sin ocultarla». Por las mismas razones, los pitagóricos, a imitación de su maestro, usaron de un cierto laconismo en su lenguaje, empleando, para transmitir sus enseñanzas, muchas metáforas o imágenes simbólicas que sólo podían entender los más circunspectos de sus oyentes.

Este principio de prudencia y de discreción lo representaban los pitagóricos por una antorcha encendida detrás de un velo,[19] imagen que llevaban grabada sobre un anillo en el índice de la mano derecha.

Notemos que la elección de este dedo tenía también una significación, siendo precisamente el índice de la mano derecha el dedo que sirve al hombre para designar los objetos que concibe su pensamiento. Esta simbólica sortija tenía la virtud de recordar en todo instante al adepto que la llevaba, uno de sus principales deberes: la prudencia.

Las sentencias reproducidas en este librito fueron escogidas en su mayoría en una obra francesa anónima del siglo XVIII, *Les voyages de Pythagore*.[20] A aquel autor desconocido pertenece, por consiguiente, el mérito de haber coleccionado un gran número de estos pensamientos, y, sobre todo, de haberlos redactado en un estilo accesible al espíritu moderno. El Dr. Eduardo Alfonso, a cuya amabilidad debo la traducción de estas sentencias en castellano, ha procurado conservar el espíritu fundamental de éstas, así como la forma que revisten en la versión francesa.

Aprovecho esta ocasión para expresarle aquí toda mi gratitud por el preciado y amistoso servicio que me ha prestado con la traducción de estas máximas, cuyo carácter, muchas veces simbólico, requería el profundo conocimiento lingüístico que sólo posee el hombre —inteligente y culto— cuando se expresa en su lengua materna.

En cuanto a la división de estos pensamientos en seis clases, no tiene otro objeto que dar a la colección de sentencias que sigue una presentación conforme al espíritu de coordinación que requiere toda obra de ética. Para pretender una exposición racional y completa de la sabiduría pitagórica bajo sus diversos aspectos, hubiera sido necesario conocer las enseñanzas dadas en el mismo Instituto pitagórico. Estas preciosas nociones hubieran permitido entonces completar este pequeño trabajo con una séptima parte más abstracta, titulada: *A los iniciados.* Los *Versos de Oro*, que por algunas frases se refieren a estas enseñanzas, tienden a llenar aquí este vacío.

1

A LOS AMIGOS

Si se os pregunta: «¿Qué es la amistad?», decid: «Es el vínculo de dos almas virtuosas».

Haz un amigo para que alguien tenga el derecho de reprenderte cuando hagas mal.

Tarda en hacer una amistad y más aún en deshacerla.

¿Tienes un reproche que hacer a tu amigo? No esperes a mañana. Si murieses en la noche, dejarías a tu amigo sin que hubiese podido justificarse delante de tu corazón.

Escribe en la arena las faltas de tu amigo.

Si no encuentras un amigo, busca al menos un compañero en el dolor, con el objeto de consolaros ambos hablando de lo que os falta.

Antes que al médico, llama a tu amigo.

No te vuelvas enemigo del hombre del cual dejas de ser amigo. (Hierocles)

No veas en tu enemigo más que un amigo extraviado. (Jámblico)

Venera el número diez: es el de los dedos de las dos manos, la una con la otra.

2

A LOS ESPOSOS

Purifica tu corazón antes de permitir al amor asiente en él; la miel más dulce se agria en un que no esté limpio.

¡Hombre joven! No levantes lo más mínimo el velo de ignorancia que cubre todavía la frente de la joven virgen que amas. Deja al tiempo la misión de entreabrirlo.

No te apresures a formar un hogar; te expondrías a disgustos por una elección poco meditada.

La mujer que por sus gustos y cualidades semejantes a las tuyas te está destinada por la Naturaleza existe en alguna parte de la tierra. Toma el tiempo que necesites para encontrarla.[21]

Respeta la seguridad que acompaña a la inocencia. Goza del frescor de la aurora, esperando el fuego del mediodía.

¿Quieres gustar el placer de un hogar lleno de armonía? Elije una mujer que te sea proporcionada, de suerte que no te veas obligado a elevarla hasta ti o a descender hasta ella.

Elije una mujer de la cual puedas decir: «Yo hubiese podido buscarla más bella, pero no mejor».

Renuncia al himeneo toda la vida, antes que darle los restos del amor.

Sed sobrios de caricias; muy frecuentes, son estériles; para fertilizar el campo nupcial, abonadlo con prudencia.

Toca la lira antes de sacrificar al himeneo.

¡Jóvenes esposos! ¿Deseáis constituiros en un hogar feliz? Que vuestras almas, siempre al unísono, se parezcan a dos laudes en armonía, encerrados en un solo estuche.

Tomad como símbolo la esfinge de Egipto;[22] no sed más que uno.

En el jardín del himeneo, no cojas las flores dobles; las flores dobles son estériles.

¡Jóvenes esposos! Sed tan discretos como iniciados en los grandes misterios.

No procedas jamás con embriaguez al acto santo de la generación. (Stabaens)

¡Mujer! Sé la túnica de tu marido. ¡Marido! Sé la capa de tu mujer.

La mujer no beberá en más copas que la de su marido.[23]

¡Mujer de tu casa!, ama a tu marido como a ti misma; en cinta y madre, ámale más que a ti misma; viuda, ama a tu difunto como a un esposo ausente.

Adopta de los gustos de tu esposo, todos los que le hacen honor, abstente de los otros; esta conducta sabia será una lección tácita, por la cual te estará agradecido siempre, quizás sin declarártelo.

¡Mujeres jóvenes!, llenas de tesoros de belleza, no vayáis tras el tributo que se os ofrece; no exijáis menajes. No sois más que la obra de la Naturaleza; no os va dirigido el incienso que se quema delante de vosotras.

¡Mujeres de Crotona y de todas las demás ciudades del mundo!, honrad la memoria de Theano, la esposa de Pitágoras; interrogada sobre el número de días que necesita una mujer para ser pura después de haberse relacionado con un hombre, Theano respondió: «Si ha sido con su marido, lo está inmediatamente; si ha sido con otro, no lo estará nunca».

Deja a tu compañera, si no puedes vivir con ella; pero que esto no sea para unirte a otra. El sabio no cambia de mujer.

Un hombre viudo y padre no podrá contraer nuevas nupcias más que con una mujer viuda y madre.

3

A PADRES E HIJOS

El padre levantará una casa para sus hijos. Los hijos consagrarán una tumba para su padre.

Padre de familia: busca para tu hijo nombres[24] que le honren a sus propios ojos.

Las cosas se calcan frecuentemente sobre las palabras.

El seno maternal es la propiedad del niño, como la tierra es la del hombre.

El niño recién nacido no tendrá más nodriza que su madre. Viajero: no hagas larga estancia en una ciudad donde las madres ofrezcan el escándalo de hacer llevar a sus niños sobre el seno de una esclava.

Los padres déspotas pegan a sus hijos, como se golpea el plomo, para hacerle tomar la forma deseada. ¡Jefes de familia!, permitíos solamente modelar con los dedos esta blanda cera.

Perdona a tu hijo si confiesa su falta, también si la oculta, pero no si la niega.

Castiga con severidad a tu hijo culpable de la muerte de un insecto: el homicidio ha comenzado así.

¡Padres y madres de familia!, no hagáis retirar a vuestros hijos de la mesa, expresamente, para decir o hacer detrás de ellos lo que no hubieseis dicho ni hecho delante de ellos.

Da a tus hijos lecciones de danza para acostumbrarles a los movimientos reglados del alma.

El alma no tiene permanencia en un cuerpo rebelde a la armonía. (Diotégenes)

No levantes el hacha ante el árbol plantado por tu padre.

4

A LOS
LEGISLADORES

Hay circunstancias en la vida en las que el bien y el mal se parecen. ¡Legislador, padre de familia! Ten el sentido de diferenciarlas para que el pueblo y tus hijos no los confundan.

¡Hombre de Estado!, antes de dar leyes al pueblo, aprende bien las de la armonía.

Si te encargas de negocios públicos, renuncia a los tuyos.

Pesa las leyes en el peso del pueblo que te las pide.

No emprendas la reforma de una gran nación; un gran pueblo es una monstruosidad, una institución contra Natura.

Edifica sobre la arena antes que sobre el territorio de una vieja nación o de un pueblo nuevo.

Antes de dar leyes al pueblo, percátate de esta observación: el pueblo no es bastante bruto para vivir esclavo, ni bastante esclarecido para ser libre.

Propón leyes a un pueblo que adora a los animales con preferencia a un pueblo que se los come.

¡Legislador! Sé matemático, no debes expresarte más que por axiomas.

La sabiduría de las leyes no basta al pueblo; para hacerlas sagradas, escríbelas con sangre de topo en un espejo cóncavo, expuesto a los pálidos rayos de Febo.[25]

Que la ley sea el dulce freno de las pasiones públicas. Los pueblos, como los niños, se dejan llevar más de la voz de su deseo que de la voz de la razón.[26]

Si este subterfugio te repugna, deja el foro, vuelve a tus Lares y no seas legislador más que de tus hijos.

¡Hombre de Estado!, antes de escribir nuevas leyes, consulta las leyes tácitas del instinto del pueblo; las mejores leyes son las que se hacen sin legisladores y no se escriben.

¡Legisladores!, no ensanchad lo más mínimo el círculo de las leyes naturales; la Naturaleza, trazándole con su dedo inmortal, ha dicho a la Razón humana: «No irás más allá de él impunemente».

Escribe las leyes con la punta del compás.

No hagas leyes para el pueblo. Haz el pueblo para las leyes. Las leyes de la justicia existen antes que el pueblo.

¡Hombre de Estado!, medita tus leyes por la noche; no las redactes más que a la luz del sol.[27]

No des dos leyes al pueblo en un solo día.

La aparición de una golondrina no constituye la alegre primavera. Una sola mala ley es suficiente para llevar la tristeza a todo un pueblo.

¡Magistrado!, no hagas nunca de la ley un arma homicida, que sea ella en tus manos una férula todo lo más. El pueblo ¿no es por ventura un niño?

¡Legislador!, castiga al ciudadano a la tercera falta y al magistrado a la primera.

Mas, si puedes, borra de tus códigos la palabra «castigar», sinónimo de venganza e injusticia, y sustitúyela por las expresiones «prever» e «impedir».

¡Magistrado!, no tengas celos del sabio si sus advertencias prevalecen sobre la ley.

¡Legislador sabio!, teme faltar a tu objeto al quererte poner al alcance del pueblo. En lugar de descender hasta él, mejor elévalo hasta ti. Pero lo primero es más fácil que lo segundo.

No imites a la oruga; no consientas arrastrarte a los pies del príncipe o delante del pueblo para tener un día el derecho de llevar alas.

Siéntate, para hablar al pueblo en pie.

Permanece en pie para arengar al pueblo sentado.

Si el pueblo te nombra senador o magistrado, resígnate.

¡Hombre de Estado!, aprende la Ciencia de los Números, para saber colocar a los hombres.

Las almas humanas se parecen a los números; no valen más que por el rango que se les asigna.

Mantén al pueblo entre la riqueza y la indigencia; pobre, es vil; rico, es insolente.

¡Hombres de Estado!, no usurpéis ni un ápice de la magistratura de los padres de familia; es más sagrada que la vuestra.

¡Legislador!, destierra de la ciudad a los maestros de educación.

Cada niño, ¿no tiene, por ventura, su padre o su familia?[28]

Haz entrar los campos en la ciudad.[29]

Cierra los ojos ante los dioses del pueblo, pero no ante sus sacerdotes.

Da un mentís solemne a los sacerdotes de Egipto, que colocan en la luna la divinidad del castigo.

Di al pueblo: «La Némesis habita entre vosotros; tiene su tribunal en el alma misma del culpable».

¡Legisladores reunidos en nombre de un pueblo!, no seáis el pueblo vosotros mismos. Maldición a una nación obligada a dar leyes a aquellos a quienes encarga hacérselas.

¡Magistrado!, a los primeros síntomas de un levantamiento popular, prohíbe salir a la plaza pública a las mujeres, así como a los victimarios y a los matarifes.

¡Legislador del pueblo!, no eches vino a las ranas.[30]

¡Magistrado!, haz leer en medio del pueblo, que delibera sobre una nueva guerra, el combate de las ranas, cantado por Homero.

¡Legislador!, restringe la libertad de hacer todo, pero no la de decir todo.

La libertad es cosa santa. ¡Legisladores y magistrados!, separadla de los profanos.

¡Legislador!, no prostituyas la libertad al pueblo: es la ambrosía del sabio.[31]

No hables de igualdad al pueblo, lo tomaría al pie de la letra y creería que el primer ciudadano que encontrase sería igual al sabio; mientras que hacen falta diez óbolos[32] para formar un dracma.

Si no puedes abolir enseguida la esclavitud doméstica y civil, prohíbe al menos el hacerse servir por alguien más viejo que uno.

No te desanimes nunca: después de la muerte de Licurgo, se vio a los lacedemonios recoger, para hacerle un templo, las piedras con las que le habían golpeado durante su vida.

Un gran hombre lapidado esté casi siempre seguro de tener, tarde o temprano, una estatua.[33]

Cuando estés cansado de los reyes y de los pueblos, conversa con los otros animales. Es más provechoso.[34]

5

A LOS PUEBLOS

¡Hombres!, cesad de constituir la plebe; o resignaos a vivir esclavos.

Las águilas son independientes porque no vuelan jamás en bandadas. Los borregos que caminan en rebaño han perdido su sexo[35] y obedecen a los pastores.

Nada de términos medios: sed o republicanos o teócratas.

El más grande de todos los escándalos es ver a un hombre mandar a los demás hombres.[36]

¡Pueblos!, haceos vosotros mismos vuestra felicidad sin esperarla del gobierno.

Las abejas son felices bajo la monarquía.

Las hormigas son dichosas en república.

Ante todo, tened leyes. Un pueblo sin ley es un cuerpo sin nervios.

¡Pueblo ansioso de una existencia política!, evita, sobre todo, rigurosamente, una organización sin nervios, una administración sin capacidad y el lujo en la mesa.

Estos tres malos principios engendran, necesariamente, la discordia civil y doméstica, y llevan, como consecuencia inmediata, la ruina al Estado y a las familias.[37]

Toda ley, incluso la mejor de las leyes, es un yugo. ¡Pueblos!, no multipliquéis vuestras leyes. Un exceso de leyes ahoga, necesariamente, la libertad.

Antes de existir legisladores, existían leyes. ¡Ciudadanos!, volved a pedir estas leyes a vuestros legisladores.

La Libertad dijo un día a la Ley: «Tú me estorbas». La Ley respondió a la Libertad: «Yo te guardo».

¡Crotoniotas!, para dar a las tablas de la Ley la facultad de girar sobre su eje,[38] no las reguéis con sangre, como han hecho tantos pueblos; tomad al sabio el aceite de su lámpara.

¡Pueblos!, no aticéis jamás con la espada el fuego sagrado de la libertad; esta pura llama no debe ser confiada más que a manos vírgenes de sangre.[39]

¡Pueblo que acaba de recobrar la libertad!, no uses de ella enseguida; hazla dormitar algún tiempo sobre las rodillas de Minerva.[40]

¡Ciudadanos!, cuidad de que vuestros legisladores no os hagan agudezas a manera de buenas leyes.

Hacen falta muchas ráfagas de aire para inflar una vela y hacer marchar un barco.

Hacen falta muchos hálitos de inspiración para hacer avanzar la razón un paso.

¡Pueblos!, no pudiendo tener dioses por legisladores, recurrid por los menos a los sabios.

¡Gobernantes y gobernados!, guardaos de vuestros antípodas.[41]

¡Ciudadanos!, si en la tribuna pública se os habla de igualdad sin hablaros de justicia, haced descender al orador y ponedle en la boca el dedo de Harpócrates.[42]

¡Legisladores! ¡Magistrados! ¡Ciudadanos!, rendid culto asiduo a la justicia, la primera de las virtudes públicas, la gran divinidad de los imperios, la única providencia de las naciones.

¡Pueblo de Crotona!, no pretendas someter al sabio a tu régimen. El médico y el enfermo no se acuestan juntos.

¡Crotoniotas!, que el maestro de lira sea colocado cerca de la persona de vuestros magistrados.

Escoged por templo la casa donde vivió un legislador útil.

¡Pueblo!, hasta que conozcas bien las leyes de la armonía, tolera un bozal, al ejemplo de los tocador de flautas.

Puesto que formas un rebaño, soporta a los pastores y a los perros.

¡Pueblos!, honrad todos la memoria de Numa; este legislador quería que todo ciudadano tuviese su campo.

¡Agricultor!, cultiva tu campo tú mismo, no lo abandones a los esclavos. La agricultura requiere los brazos de un hombre libre.

Al ejemplo de Atenas, no gastéis vuestro incienso ante el altar de los dioses invisibles, extraños, desconocidos. Ya será tiempo cuando se dignen mostrarse se ante vuestros ojos.

Que el madrugador gallo sea el primero de tus animales domésticos.

Al ejemplo de Atenas, no gastéis vuestro incienso ante el altar de los dioses invisibles, extraños, desconocidos. Ya será tiempo cuando se dignen mostrarse se ante vuestros ojos.

No te permitas burlas groseras sobre ciertos animales pacíficos, laboriosos y sobrios como el asno, hay ingratitud en ridiculizar a seres de los cuales no desdeñamos sus diarios servicios; hay cobardía en mofarse de aquellos que no nos pueden responder.

No comas la carne del buey, que te da su sudor; de la vaca, que te da su leche; de la oveja, que te da su lana, de la gallina, que te da sus huevos.[43] (Jámblico)

Da de comer, antes que a ti, a los animales que han trabajado para ti.

No vendimies en absoluto tus viñedos; deja a lo largo del camino algunos racimos para el viajero sediento.[44]

¡Pueblos Itálicos!, antes y sobre todo, sed agricultores.

La Naturaleza dice al pájaro, «vuela; al, pez «nada» al hombre, «cultiva».

¡Pueblos!, realizad el deseo de los sacerdotes de Egipto en favor del establecimiento de un idioma único que unirá a todos los hombres.

6

A LOS FILÓSOFOS

Si se os pregunta: «¿Qué es la filosofía?», decid: «Es una pasión por la verdad, que da a las palabras del sabio el poder de la lira de Orfeo». Si se os pregunta: «¿Qué es la virtud?», decid: «La filosofía en acción».

Si se os pregunta: «¿En qué consiste la dicha?», decid: «En estar de acuerdo consigo mismo».

Un laúd bien afinado es armonioso. El alma bien armonizada es feliz.

Escucha: serás sabio; el comienzo de la sabiduría es el silencio.

Si se os pregunta: «¿Qué es el silencio?», responded: «La primera piedra del templo de la filosofía».

Si eres bueno, no te unas a otros para volverte mejor.

El sabio, sólo, es falible. Una sociedad de sabios lo es todavía más.

No pertenezcas a ninguna sociedad sabia; los sabios mismos, cuando forman corporación, se convierten en vulgo.[45]

No des más que a la Naturaleza el nombre de «sabia». Sé filósofo.

Prefiere la geometría a la aritmética. La aritmética es la ciencia del vulgo, que no quiere más que hacer mayoría y del comerciante ávido ganancia. La geometría es la ciencia del filósofo, amigo de igualdad, que combina los planes de la política.

Sé filósofo para librarte de ser científico.

Un tonel de ciencia no vale lo que una gota de sabiduría.

¡Hombre joven!, una vez en pleno goce de toda tu razón, haz un inventario de tus facultades, de tus fuerzas; toma tus medidas, estima lo que vales y marcha con paso seguro en la vida.

Cultiva asiduamente la ciencia de los números; nuestros vicios y nuestros crímenes no son más que errores de cálculo.

Mide tus deseos, pesa tus opiniones, cuenta tus palabras. (Scutelli)

Ten por sagrados los números, los pesos y las medidas, hijos de la santa igualdad. La igualdad, más grande de los bienes del hombre, se asienta toda en la ciencia de los números. Los números son los dioses de la Tierra.[46]

Ponte pronto en guardia contra la rutina. El imperio de la rutina es tal, que familiariza al hombre con la esclavitud misma.

Prefiere el bastón de la experiencia al carro rápido de la fortuna. El filósofo viaja a pie.

Consagra tus ratos de ocio al arte de la estatuaria, con preferencia al de la pintura.[47]

Ten pocos negocios; el hombre no ha nacido para tener muchos; el sabio no tiene más que uno.

Escoge siempre el camino que te parezca mejor; por penoso y difícil que sea, la costumbre te lo hará fácil y agradable.

Sé sobrio; en un cuerpo muy grueso enflaquece el alma.

No gastes más tiempo en preparar tus alimentos que en consumirlos.

¡Viajero!, para conocer las costumbres de un pueblo, observa sus alimentos.

Deja al pueblo del Nilo el agua fermentada de los granos; el agua de la fuente es la bebida de lo sabios.

No hagas de tu cuerpo la tumba de tu alma.

Siéntate al banquete de la vida, y no te pongas de codos.

Si amas la independencia, no toques mano de mujer; tiene liga.

Desconfía de la mujer que ríe inmoderadamente.

El grito de la hiena se parece mucho a grandes carcajadas.

¡Hombre joven!, honra el sexo de tu madre; abstente con las mujeres de aquello que te avergonzaría si uno se lo permitiese con la esposa de tu padre.

No crucifiques tu alma en tu cuerpo. (Jámblico)

No tengas más que una mujer y un amigo; las fuerzas del cuerpo y del alma no toleran más.

No des la mano enseguida.

En la duda, abstente.

No jures jamás en vano por el nombre de un gran hombre.[48]

Levanta los pies antes que levantar las manos.[49]

Sé amigo de la Verdad basta el martirio; no seas su apóstol hasta la intolerancia.

Para tener grandes ideas, rodéate de bellas imágenes; los pensamientos de los hombres son semejantes a los colores; los colores deben su existencia a la reflexión de la luz.[50]

Consagra a tus pensamientos las horas de la noche; y a tus acciones las horas del día.[51]

Haz germinar tu alma por la meditación; tu alma se sentirá pronto con las alas del águila. (Hierocles)

¡Hombre joven!, aprende astronomía antes de estudiar música; el cielo planetario es más armonioso todavía que la música.

Consagrad un culto a la armonía celeste. Cada año el primer día de primavera, reuniros alrededor de una lira bien afinada y cantad un himno a la Naturaleza que revive.

No admires nada con exceso. Los dioses han nacido de la admiración.

Observa todo; no expliques nada.

Reconoce como gran ternario, la belleza, la verdad y el bien; estas tres cosas no son más que una.

No te creas más sabio que otro; esto probaría que lo eres menos.

Sé mejor el último entre las águilas que el primero entre los grajos.

No lleves nunca trajes hechos a la medida de otro hombre.

Sé hombre enteramente antes que semidiós.

Siembra la malva, pero no la comas.[52]

Para descubrir a un hombre, quema un poco incienso delante de él.[53]

¡Hombre de genio!, no digas jamás: «Yo he inventado». En este mundo todo son reminiscencias.

No desprecies a nadie; un átomo hace sombra.

Que tu casa, aislada como los templos, reciba, como ellos, los primeros rayos del sol.

No construyas tu casa tan grande que puedas alojar cosas superfluas.

Escribe sobre la puerta de tu casa lo que otros no escriben más que sobre su tumba: «Éste es un lugar de reposo (*quietarium*)».

Sé tu amo y tu servidor todo junto; y no lo seas más que de ti solamente.

No aspires jamás a la vanidad de ser rico; contribuirías a que hubiese pobres.

Entrégate al natural deseo de ser dichoso; hay felicidad para todo el mundo.

Haz tu felicidad con poca cosa, a fin de no provocar la murmuración ni el celo de nadie.

No mojes tu pan ni en las lágrimas de tus semejantes, ni en la sangre de los animales.

No seas tirano de nadie, ni siquiera de tu perro. No seas esclavo de nadie, ni siquiera de tu amigo.

No reconozcas como superior, más que a un hombre mejor que tú.

No ocultes tus acciones, si no son las que las leyes de la decencia y de la limpieza obligan al secreto.

Perdona las debilidades humanas; los dioses mismos se descuidan algunas veces, dice Homero.

No reproches al genio sus frecuentes extravíos, sus grandes errores; suponen vastos horizontes y grandes resultados.

No te apoyes exclusivamente sobre el puntal del dictado de tu corazón; el corazón es frágil, las mujeres son débiles porque ellas no cuentan más que con el corazón para sostenerse.

Cuando encuentres algún peligro, da la vuelta al campo de rastrojo, antes que pisarlo, al atravesar huyendo del enemigo.[54]

Es un crimen echar piedras en las fuentes.

Cierra tu boca mientras tu corazón esté cerrado.

No temas aconsejar a tus amigos o a tus parientes; el consejo es cosa santa. (Dacier)

Si el bien es más difícil de hacer que el mal, haz el bien, aunque no sea más que para saborear el placer de la dificultad vencida.

Si el bien es tan fácil de hacer como el mal, haz el bien, si no quieres quedar sin excusa.

Si el bien es más ventajoso de hacer que el mal, serás un insensato si haces el mal.

En todos los casos tienes motivos suficientes para preferir la práctica del bien a la del mal.

Entra en casa del sabio; que esté o no en ella, tú saldrás mejor.

Sé amable y sabio, todo junto.

La vista de un sabio amable es el más bello de todos los espectáculos.[55]

Si se te pregunta: «¿Qué es el pueblo?», responde: «Un rebaño de hombres salvajes degenerados».

¡Maestros de la Verdad!, que vuestra escuela sea un hospicio y no una posada. (Jámblico)

No hables de Dios en la plaza pública, ni de asuntos públicos en el templo de Dios.

No cantes sino a la lira.[56]

No interrumpas a una mujer que baila, para darle un consejo.[57]

No toda madera sirve para hacer un Mercurio.[58]

No prostituyas los acordes de la lira, usándolos para el animal de orejas largas,[59] ni las leyes de 1a sabiduría, usándolas para el animal de las mil cabezas.

Habla con el oso, el águila, el buey o tu perro. Aguza tu razón contra su instinto.[60]

No pongáis el alimento en vaso impuro.[61]

Para ahorrar tiempo, no leas más que la historia de un solo pueblo. Todos los pueblos se parecen.

No vayas por el camino público.

Deja pasar al rebaño.[62]

No hables jamás de la luz del sol delante de un infortunado privado de la vista, ni de los encantos de la independencia a un pueblo sin instrucción.

¡Hombre de genio! Sé fundador de una escuela y no de una ciudad; los hombres en rebaño no tienen necesidad más que de un pastor.

¡Hombre sabio!, no eres más que una gota de rocío entre las olas amargas del océano tempestuoso.

Renuncia a la esperanza de mejorar la especie humana, mientras forme vulgo.

Todos los males que pesan sobre el género humano datan del momento en que formó masas populares.

Sé semejante a la lámpara del templo de Hamon; alumbra al pueblo, ocultando la mano que echa el aceite.[63]

Mientras tengas dioses y hombres, no podrás librarte de una doble doctrina: las abejas hacen miel para los hombres y cera para los dioses. (Jámblico)

¡Hombre de genio! Trabaja por la perfectibilidad de la especie humana. Deja el vulgo a los ambiciosos.

Al vulgo y a los reyes, a los niños y a las mujeres, no les hables más que por símbolos.

Para conservar su independencia y el derecho de decir toda la verdad, el sabio no aceptará otro empleo en la República que el de «legislador sin misión».[64]

No metas jamás el pie en la danza del pueblo.

Cuando truena, toca la tierra.[65]

Durante las borrascas populares, busca el eco solitario.

En las disensiones civiles, cierra la puerta de tu casa a todos los partidos.

No vayas a África para ver monstruos; visita un pueblo en revolución.

No calumnies a la especie humana. Sin duda le hombres en sociedad son malos, pero el hombre en familia es bueno.

No desesperes de la especie humana; no te desanimes; con el tiempo el barro se convierte en mármol.

Si se os pregunta dónde están las islas de la dicha, responded: «En el Sol y en la Luna». (Scutelli)

Descifra lo que puedas del libro de la Naturaleza y no te calientes la cabeza con el resto; lo que tú no sepas leer, no te atañe.

Para adorar a los dioses el pueblo se arrodilla. Siéntate para meditar sobre la Naturaleza.

Vivir según la Naturaleza, es vivir según los dioses.

¡Ministros de la salud!, imitad a Taxaris; este escita, en Atenas, curaba menos con las medicinas que con la confianza.

¡Viejos caducos!, no murmuréis en contra de la Naturaleza; hay una estación en el año en la que el sol mismo flaquea.

No temas morir: la muerte no es más que una parada.

Si se os pregunta: «¿Qué es la muerte?», responded: «La verdadera muerte es la ignorancia». ¡Cuántos muertos entre los vivos!

Que el epitafio más largo, no exceda de tres versos.

Si se os pregunta en qué consiste la salud, decid: «En la armonía». ¿Y la virtud? «En la armonía.» ¿Y lo bueno? «En la armonía». ¿Y lo bello? «En la armonía». ¿Y qué es Dios? Responded aún: «La armonía». (Lamote Levoyer)

La armonía es el alma del mundo.

Dios es el orden, la armonía, por la que existe y se conserva el Universo.

En Dios se forman todos los seres, inmortales como Él: sus obras son las suyas. Dios es el alma de toda cosa.

Dios está en el Universo, el Universo está en Dios. El Mundo y Dios no son más que uno.

Dios es uno; Él no está jamás como algunos piensan, fuera del mundo, sino en el mundo mismo y todo entero en el mundo entero. (Justin)

Si se os pregunta: «¿Qué es la Naturaleza o Dios?»[66] Responded: «Un círculo cuyo centro está en todas partes y la circunferencia en ninguna.[67] Si se os pregunta: «¿Dónde está Dios?» Responded: «En todo y en ninguna parte». Si se os pregunta todavía: «¿Qué es Él?» Repetid: «Dios es el alma de todos los cuerpos y espíritu del Universo». (Cicerón)

Para representar a Dios, el sabio escribe la Unidad.[68]

SÍMBOLOS

EXPLICACIÓN DE ANDRÉ DACIER

Los símbolos de Pitágoras son sentencias cortas que, como los enigmas, bajo el velo de términos sencillos y naturales, presentan al entendimiento las verdades analógicas que le quieren enseñar. Semejante clase de símbolos fueron como la cuna de la moral, pues no teniendo necesidad, lo mismo que los proverbios, de definición ni razonamiento, y yendo directamente a inculcar el precepto, fueron muy propios para instruir a los hombres, en un tiempo, sobre todo, en el que la moral no se trataba aún metódicamente. He ahí por qué estuvieron tan en uso, no sólo en Egipto, sino en Judea y en la Arabia, como lo vemos por los Proverbios de Salomón, que están llenos de ella; por la historia de la reina de Saba, que fue a probar la sabiduría de este príncipe por esa suerte de enigmas, y por la historia de Sansón.

Conviniéndole a Pitágoras usarlos, los usó también, a ejemplo de los egipcios, que procuraban enseñar su doctrina sin ocultarla, pero sin divulgarla tampoco.

He aquí los símbolos de Pitágoras:

I

NO PASÉIS POR LA BALANZA

Jugum ne transitias.— Plutarco y San Jerónimo lo explican: «no violéis la justicia». Ateneo y San Cirilo: «no escuchéis la avaricia». Esto viene a ser lo mismo, porque de la avaricia procede la injusticia.

II

NO OS SENTÉIS SOBRE EL CAÍZ

In choenice ne sedeto.— Este símbolo ha sido explicado de modos muy distintos; pero el sentido más natural, a mi entender, es que en él se exhorta a los hombres a trabajar todos los días para ganarse la vida; porque el que no trabaja no come. El caíz, *choenix*, era la medida de trigo que se daba a cada esclavo para su alimento.

III

NO DESGARRÉIS LA CORONA

Coronam ne vellito.— Este símbolo puede explicarse de muchas maneras. Yo encuentro en él lo menos tres sentidos: 1.º «Que es preciso no corromper la alegría de la mesa con inquietudes y disgustos», pues en los festines había la costumbre de llevar coronas de flores; 2º «Que es menester no violar las leyes de la patria»; pues las leyes son la corona de las ciudades; y este es el sentido que ha seguido San Jerónimo; *Coronam minime carpendam, id est, leges urbium conservandas*; y 3.º «Que no se debe murmurar del príncipe y destruir su reputación». Lo que se halla conforme con esta frase de Salomón en el Eclesiastés: *In cogitatione tua regi ne detrahas.*

IV

NO OS ROÁIS EL CORAZÓN

Cor non comedendum.— Por decir: «no hay que afligirse ni consumirse por el disgusto, entregándose a una negra melancolía»; como de Belorofon ha dicho Homero: Se roía el corazón: y parece que sobre esto se hizo el precepto.

V

NO ATICÉIS EL FUEGO CON LA ESPADA

Ignem gladio ne scalpas.— Es decir, que no hay que excitar a las que están irritados.

VI

CUANDO ESTÉIS EN LAS FRONTERAS, NO DESEÉIS REGRESAR

Non revertendum cum ad terminos perveneris.— Por decir: Cuando hayáis llegado al fin de vuestra vida, no retrocedáis. No temáis la muerte ni deseéis continuar la existencia.

VII

NO VAYÁIS POR EL CAMINO PÚBLICO

Per viam publica ne vadas.— Para indicar que no hay que seguir las opiniones vulgares, sino las opiniones de los sabios. Este símbolo se acuerda con el precepto del Evangelio de evitar el viaje espacioso y largo.

VIII

NO ACOJAS LAS GOLONDRINAS EN TU CASA

Domesticas hirundines ne habeto.— Quiere decir, no te rodees de charlatanes.

IX

NO LLEVÉIS LA IMAGEN DE DIOS EN EL ANILLO

In annulo Dei imaginem ne circumferto.— Quiere decir que no hay que profanar el nombre de Dios, hablando de él a toda hora y delante de todo el mundo.

Acaso también que Pitágoras prohibía llevar la imagen de Dios en las sortijas, por miedo a que en las acciones profanas de que la vida se compone hubiere alguna que manchase la majestad de esta imagen. Y lo que me persuade de que éste es el verdadero sentido, es lo que hicieron algunos emperadores que quisieron igualarse a Dios. Leemos en Séneca y en Suetonio que en tiempo de Tiberio era un crimen capital colocar en un lugar deshonesto la imagen de este príncipe grabada sobre un anillo o sobre una moneda. Filostrato refiere lo mismo, y Mr. Spanheim ha sido el primero en observar que en la ciudad de Panfilia fue condenado un hombre, como reo de lesa majestad divina, por haber pegado a un esclavo que se vio tenía sobre sí un dracma de plata donde estaba grabado el busto del emperador. Caracalla imitó este detestable orgullo, pues Dion nos dice que condenó al último suplicio a un joven de la orden de caballeros por haber frecuentado un lugar infame llevando en el bolsillo una moneda con el busto del príncipe.

X

AYUDAD A LOS HOMBRES A CARGAR Y NO A DESCARGARSE

Hominibus onius simil imponendum, non detrahendum.— Quiere decir que es menester no ayudar a los hombres a vivir en la pereza y en la molicie, sino a pasar su vida en los trabajos y en los ejercicios de la verdad, e imponerles reglas más laboriosas y más penosas a medida que avanzan en las vías de la perfección. Este es el mismo sentido que ha dado a este símbolo San Jerónimo en su Apología: *Onerates supponendum onus, deponentibus non communicandum, id est ad virtutem incedentibus augenda proecepta, tradentes se otio relinquendos.*

XI

NO DEIS LA MANO ENSEGUIDA

Ne cuiquan dextram facile porrigito.— Es decir, no establezcáis fácilmente amistad y alianza con toda clase de gentes; o más bien, no respondáis de cualquiera, como Salomón dice: «Hijo mío, si salieses fiador por tu amigo, has empeñado con tu extraño tu mano». «El hombre necio dará palmadas, cuando saliere fiador por su amigo». (Proverbios, VI, I, y XVII, 18).

XII

BORRAD DE LAS CENIZAS LAS HUELLAS DEL PUCHERO

Ollae vestigium in cinere confundito.— Es decir, después de reconciliaros no conservéis ningún vestigio de vuestra querella y resentimiento.

XIII

SEMBRAD LA MALVA, PERO NO LA COMÁIS

Herba molochen serito, ne tamen mandito.— Es decir, sed dulces para los demás, pero no para vosotros; perdonadlo todo a las gentes, pero no os perdonéis nada.

XIV

NO OCULTÉIS EL LUGAR DE LA ANTORCHA

Faculae sedem ne extergito.— Lo que significa, no dejéis extinguir en vosotros las luces de la razón, y dejad al menos el sitio de la antorcha que os ha iluminado a fin de que os pueda alumbrar aún.

XV

NO LLEVÉIS UN ANILLO ESTRECHO

Angustum annulum ne gestato.— Es decir, llevad una vida libre y no os carguéis vosotros mismos de cadenas, como hacen la mayor parte de los hombres que corren a la servidumbre, sufriéndola por vanidad.

XVI

NO ALIMENTÉIS ANIMALES DE GARRAS

Animalis unguicurvia ne rutisto.— Como si dijera, no sufráis en vuestra casa gentes que son infieles y ladronas.

XVII

ABSTENEOS DE LAS HABAS

Afabis abstineto.— Es decir, absteneos de todo lo que puede perjudicar a la salud, al reposo y a vuestra reputación.

XVIII

NO COMÁIS PESCADOS DE COLA NEGRA

Melanuros ne gustato.— Quiere decir, no frecuentéis a los hombres difamados y sin reputación por su vida malvada.

XIX

NO COMÁIS SALMONETE

Ne erythinum edito.— Es como si se dijera: Renunciad a toda suerte de venganza y no vertáis sangre nunca. Pues la sangre se designaba por el salmonete.

XX

NO COMÁIS MATRIZ DE ANIMAL

Animalis vulvam ne comedito.— Es decir, separaos de todo lo que es mortal y corruptible, y renunciad a todo lo que lleva a la generación y ata a este mundo visible.

XXI

ABSTENEOS DE LA CARNE MUERTA

A morticinis abstineto.— Es decir, no participéis de las carnes profanas de los animales que no son propios de los sacrificios, y renunciad a todas la obras muertas.

XXII

ABSTENEOS DE COMER ANIMALES

Ab animalibus abstineto.— Es decir, no tengáis comercio con los hombres sin razón.

XXIII

PONED SIEMPRE SAL SOBRE LA MESA

Salem apponito.— Es decir, no perdáis nunca de vista la justicia, y practicarla siempre. Este símbolo ha sido explicado ya en mi vida de Pitágoras.

XXIV

NO PARTÁIS EL PAN

Panem ne frangito.— Este símbolo ha sido explicado de modos muy diversos. Unos han dicho que Pitágoras ordenaba por él no destrozar la vida, ocupándola en muchas cosas que no tenían el mismo fin. Otros que él exhorta a unión y concordia. Pero en la explicación de los símbolos hay que tener en cuenta el sentido propio y el figurado al mismo tiempo. El pan se ha hecho para ser partido.

Yo estoy persuadido que por este precepto Pitágoras quiso corregir la avaricia que reina entre los hombres por caritativos que sean. Antiguamente se hacía el pan de manera que pudiera dividirse en cuatro partes por las líneas que trazaban por encima antes de cocerlo; es por lo que los griegos le llamaban *tetraglufon* y los romanos *quadram*. Cuando se presentaba un pobre, se partía el pan y se le daba ordinariamente una de las cuatro partes, y a veces la mitad, como se ve en Horacio (*Epis.* XVII, lib. I):

Et mihi dividuo sindetur munere quadra.

Para cortar de raíz tal avaricia, Pitágoras exhorta por este símbolo a no partir el pan para dar no la mitad, si no darlo entero, sin economizarlo. Así es cómo ha dicho también Salomón en el Eclesiastés (XI. I): «Echa tu pan sobre las aguas que pasan; porque al cabo de muchos tiempos lo hallarás». Es decir, dad a todos los pobres sin distinción. Y en Isaías se lee: «Parte con el hambriento tu pan» (Capítulo LVIII, 7), lo que parece contradecir el precepto de Pitágoras. Pero Isaías, al decir tu pan, quiere decir el pan que es necesario para nuestro alimento, y entonces es perdonable partirlo y no darlo entero.

XXV

NO DERRAMÉIS ACEITE SOBRE LA SILLA

Sedem oleo ne abstergito.— Yo creo que la palabra silla, significa aquí el trono de los príncipes y la silla de los magistrados; y la palabra aceite significa las esencias, los perfumes, que de ordinario se toman por las alabanzas y adulaciones.

Pitágoras exhorta, pues, por este símbolo a no adular a los príncipes y a los grandes, porque son poderosos y ocupan grandes puestos. Es preciso no elogiar sino a la virtud. Acaso en este símbolo de Pitágoras se hace alusión a la historia de Jacob, que después de la visión de la escala misteriosa, tomó al despertar la piedra que le sirviera de almohada y la alzó como un título del voto que hizo, vertiendo aceite sobre ella (Génesis, XXVIII. 18). Lo que Pitágoras ha querido decir es, que no hay que tributar a los príncipes los honores que están reservados a Dios.

XXVI

NO PONGÁIS EL ALIMENTO EN VASO IMPURO

Ne cibum in matella injicito.— Es decir, no hay que arrojar buenos preceptos en un alma perversa, porque no haría más que abusar de ellos y corromperlos. La palabra amis (matella) significa orinal. Y con esa palabra Pitágoras designa a los hombres viciosos y corrompidos cuya pérdida es segura. Los hebreos los llamaban también vasos de deshonor, como vemos en San Pablo, en su Epístola a los romanos IX, 12.

XXVII

ALIMENTAD EL GALLO, Y NO LE MATÉIS, PORQUE ESTÁ CONSAGRADO AL SOL Y A LA LUNA

Gallum nutrito, nec sacrificato; Lunae enim et Soli sacer est.— El gallo ha sido siempre el emblema de los que velan por nosotros, de los que nos advierten y nos despiertan para hacernos cumplir nuestros deberes y desempeñar nuestras obligaciones diarias en el curso de esta vida mortal. Pitágoras quiso decir por este símbolo, que era menester alimentar a gentes tan sutiles y no inmolarlas al odio y al resentimiento que inspiran algunas veces la libertad que se toman, y que no lo hacen sino por nuestro propio bien. Los crotoniatas y los de Metaponto no obedecieron a este símbolo, puesto que inmolaron al gallo, matando a Pitágoras. Los atenienses no le siguieron tampoco porque inmolaron a Sócrates que les despertara. Acaso Sócrates pensó en Pitágoras y en este símbolo, cuando dijo antes de morir: «Ahora recuerdo que debo un gallo a Esculapio». Yo prefiero creer en esta ironía más que en el cumplimiento de un voto ridículo.

XXVIII

NO ROMPÁIS LOS DIENTES

Dentes ne frangito.— Los griegos decían romper los dientes en el mismo sentido que los romanos; *genuinum frangere* y *dentem ro-*

dere, para decir sembrar maledicencias y hacer sátiras. Y esto es lo que Pitágoras prohibía en este símbolo.

XXIX

APARTAD LA VINAGERA DE VOSOTROS

Acetarium vas abs te removeto.— El sentido de este símbolo es el mismo que el del precedente, porque el vinagre ha sido tomado siempre como la hiel de la sátira. Así ha dicho Horacio: *Italo perfusus aceto.* Pitágoras exhórtanos por este símbolo a apartarnos de toda clase de acritud y de todas las palabras mortificantes.

XXX

ESCUPID SOBRE LOS RECORTES DE VUESTRAS UÑAS Y CABELLOS

Capillorum et unguium tuorum praesegmina conspuito.— Cuando un hebreo tomaba en la guerra una mujer extranjera y quería desposarse con ella, estaba ordenado que le cortase las uñas, los cabellos y la cambiase de traje, después de lo cual quedaba como una criatura nueva (Deuteronomio, XVI, 12 y 13). De ahí el que las recortaduras de las uñas y el corte de los cabellos hayan sido tomados por las manchas y obras muertas del hombre viejo. Pitágoras nos exhorta, pues, por este símbolo, a desechar nuestros primeros afectos y a tener para ellos un horror que nos impida tomarlos de nuevo.

XXXI

NO ORINÉIS CARA AL SOL

Contra Solem ne meito.— La naturaleza, al formar al hombre, no ha expuesto a la vista las partes que no es honesto nombrar, y por donde el cuerpo se purga. Pues, para servirme de las palabras de Jenofonte, ha ocultado y desviado esas vergüenzas lo más lejos que ha podido, a fin de que la belleza del animal no se manchase con ello. En las acciones, pues, que exigen las necesidades del cuerpo, es preciso imitar la modestia de esta madre común, y no verificar a la luz del Sol, es decir, en público, las cosas que deben hacerse en secreto, y que ofenderían al pudor, si se hiciesen delante de todo el mundo. Este es, en mi sentir, el verdadero significado de este símbolo, que Erasmo quiso referir a la magia contra toda razón. Y lo que prueba que es un símbolo es que está sacado de un precepto de Hesíodo que prohibía a los hombres orinar en pleno día.

Él quería que se agachasen como hacían los egipcios, según la observación de Herodoto, que dice que en Egipto las mujeres hacían sus aguas de pie y los hombres en cuclillas. Esta parece que fue también la costumbre de los hebreos; pues ellos decían: cubrir los pies, *pedes tegere*, para decir, *vesicam* y *alvum exonerare*. Y, a mi juicio, de ahí debe sacarse la explicación de este pasaje de Isaías: «para que coman sus propios excrementos, y beban la orina de sus pies con vosotros» (Isaías, XXXVI, 12); es decir, la orina que cubrían con sus pies. Pitágoras observaba tanto recato en las necesidades de la naturaleza, que los historiadores de su vida dicen que jamás se le vio en ese estado. *Nemo eum unquam vidit alvum exonerantem.* El intérprete Catino tradujo: «Nadie le vio viajar jamás». He ahí un milagro bien sorprendente, que nadie viera viajar a un hombre que había estado en Italia, en Sicilia, en Persia, y que pasó la mayor parte de su vida peregrinando.

XXXII

NO HABLÉIS CARA AL SOL

Ad Solem versus ne loquitur.— Decíalo para indicar que no hay que descubrir los sentimientos en público y delante de todo el mundo.

XXXIII

NO DURMÁIS AL MEDIODÍA

In meridie ne dormito.— No hay estado más desgraciado que el del que no ve el Sol cuando es más fuerte y se halla encima de nosotros. De ese estado tan deplorable es del que habla Isaías cuando dice: *impegimus meridie quasi in tenebris.*

Pitágoras trata de prevenir esa ceguedad por este símbolo, diciendo que cuando la luz está en su punto más alto, no está permitido dormir, es decir, permanecer en las tinieblas y hacer obra de tinieblas.

XXXIV

MOVED EL LECHO AL LEVANTAROS,

Y NO DEJÉIS EN ÉL LA HUELLA DEL CUERPO

Surgens e ledo, stragula conturbato, vestigiunque corporis confundito.— Plutarco, en el libro VIII de sus *Misceláneas*, explica este símbolo por la honestidad y el recato que deben ser inseparables en el tálamo nupcial. Así es cómo en *Las Nubes* de Aristóteles la Justicia, para ponderar la buena disciplina que reinaba en Atenas en los primeros tiempos en que ella fue honrada y respetada, dice que los jóvenes eran tan bien educados que en la escuela no se veía uno solo que hubiera cometido la menor inmodestia, ni descubierto a nadie lo que la modestia ordena ocultar, y que eran tan escrupulosos en todo lo que afectaba al decoro, que al levantarse de su puesto no se olvidaban de arreglar el sitio donde se habían sentado, a fin de que no quedase sobre el suelo ningún vestigio de las partes del cuerpo. Otros lo explican sencillamente, como si Pitágoras hubiera dicho: «Haced vuestro lecho así que os levantéis, a fin de que no estéis tentados de volveros a acostar durante el día».

Se podría creer también que ha querido advertirnos que cuando nos levantemos no debemos permitir que nadie nos recuerde que ha pasado la noche; la noche ha pasado, ha venido el día y es menester no pensar en las tinieblas, sino en la luz.

XXXV

NO CANTÉIS SINO A LA LIRA

Carminibus utendum ad lyram.— Ya hemos visto en la vida de Pitágoras que este filósofo proscribía las flautas y otros instrumentos, como contrarios a las costumbres, y que no conservaba más que la lira; porque tocando la lira se pueden cantar los beneficios de los dioses y las virtudes de los grandes hombres. Cuando dijo, pues, que era preciso no cantar sino a la lira, quiso indicar a sus discípulos que no debían ocuparse sino de las cosas grandes y serias, no haciendo objeto de sus discursos, aun en sus horas de asueto, sino las alabanzas a los dioses y los elogios a los héroes. Desde luego, como nada hace sentir tanto la falta de una voz poco justa, como un instrumento bien afinado, y el defecto de un instrumento desacorde que una voz justa, Pitágoras ha podido exhortar por este símbolo también a todos sus discípulos a que hiciesen una vida sabia, unida, sin que ningún vicio y ninguna pasión la turbase, destruyendo su harmonía.

XXXVI

TENED SIEMPRE PRESTO EL EQUIPAJE

Stragula semper convoluta habeto.— Es decir, es menester hallarse preparados para todo lo que la fortuna quiera depararnos; y no tener nada que nos detenga cuando suene nuestra última hora.

XXXVII

NO ABANDONÉIS VUESTRO PUESTO SIN ORDEN DEL GENERAL

Injussu imperatoris de statione et praesidio ne docedas.— Los paganos no bien comenzaron a filosofar, es decir, a servirse de su razón, cuando conocieron la horrorosa injusticia que había en suicidarse. No nos creamos nosotros, es Dios quien nos crea, y quien nos ha colocado en esta vida como en un puesto. No debemos, pues, abandonarlo sino por orden del que nos ha colocado en él. Filolao, discípulo de Pitágoras, ha hecho de esto una demostración que puede verse abreviada en el tratado de Platón sobre la inmortalidad del alma.

XXXVIII

NO CORTÉIS LEÑA EN EL CAMINO

In via ne ligna caedito.— Este símbolo contiene un precepto muy importante, y que los hombres están muy propensos a violar, es el no convertir jamás en uso particular lo que está destinado para la comodidad pública. Si vais por un camino, no cortéis ni desgajéis los árboles que deben servir para dar sombra a los que pasen después que vosotros. Habitáis una casa que deben ocupar luego otros que han de darla el mismo empleo; no la estropeéis. En una palabra: no hagáis sino uso de lo que no tenéis propiedad. Este símbolo puede todavía tener otro sentido que no es menos importante y profundo que el anterior. Los hebreos miraban como la mayor miseria y la última bajeza encontrarse reducidos a cortar leña y a llevar agua; y ése era el estado a que reducían a los prisioneros que hacían en la guerra, como Josué hizo con los gaboanitas que le engañaron y a los que lanzó esta maldición terrible: «Y no faltará de vuestro linaje quién corte leña, y acarree agua en la casa de Dios». (Josué, IX, 23). Los griegos imitaron en eso a los hebreos. Pitágoras dice, pues, que en el curso de esta vida no nos debemos rebajar a funciones indignas de nuestra condición y ejercer el oficio de los esclavos más viles; pues todo lo que no responde a la nobleza de nuestra esencia, nos rebaja y envilece. Eso de cortar leña, es tener pensamientos bajos y ser esclavo de sus pasiones.

No debo olvidar que Jámblico trae este símbolo algo variado: «No hendáis, ni dividáis en el camino»; y da, por lo tanto, una explicación diferente. Dice que la verdad es una, y que las mentiras son muchas; y que en el curso de esta vida, es preciso no dividir, es decir, no hay que separarse de la verdad, pues hacer un cisma es siempre una señal de falsedad.

XXXIX

NO ASÉIS LO QUE ESTÉ COCIDO

Quad elixum est ne assato.— Mucho he meditado yo sobre el sentido de este símbolo, y he encontrado su explicación felizmente en Ateneo. He aquí sus palabras: «Cuando los atenienses sacrifican a las estaciones, hierven, y no asan las viandas que ofrecen, para rogar así a los dioses alejen los calores sofocantes y la sequedad, y alimenten a los frutos de la tierra con calores moderados y lluvias favorables y oportunas; pues esa cocción dulce y húmeda proporciona grandes bienes. Evita no sólo la crudeza, sino que ablanda la dureza y madura todas las cosas. Desde luego cuece y prepara el alimento y le hace más dulce y más sano. Es por esto por lo que proverbialmente se dice, no hay que asar lo que está cocido».

Ateneo cuenta este símbolo de Pitágoras, como un proverbio que estaba en boca de todo el mundo, y por el cual se quería indicar que cuando se tenía lo que bastaba para la salud, no había de buscarse más para la delicadeza.

Se puede dar también a este símbolo un sentido más elevado. Lo cocido puede mirarse como emblema de la benignidad y la dulzura, y lo asado como de la cólera y la sequedad. Pitágoras exhorta así a sus discípulos a no tomar a mal lo que se hace sencillamente y con inocencia, y a no agriar jamás los espíritus.

XL

APARTAD DE VOSOTROS EL CUCHILLO AFILADO

Gladium acutum avertito.— Esto es para decir, que no se debe tener ningún comercio con los maldicientes; pues el cuchillo afilado ha sido siempre el emblema de las lenguas satíricas y maldicientes, como se ve en los Psalmos de David, que dice: «Su lengua es como un agudo cuchillo»; y también: «Tienen afilada la lengua como un cuchillo».

XLI

NO RECOJÁIS LO QUE CAE DE LA MESA

Quoe ceciderunt e mensa, ne tollito.— Este símbolo, como el XXIV, es para exhortar a los hombres a la caridad. La mesa era sagrada y no se podía volver a poner en ella lo que se había caído. Estaba consagrada a los genios, es decir, a los ángeles, y lo que de ella caía debía dejarse para los pobres. Lo que se caía de la mesa, era entre los griegos como entre los hebreos las espigas que se caían de las manos de los segadores, no estaba permitido recogerlo al amo, porque Dios lo había prohibido. «Cuando segares las mieses en tu campo, y dejares olvidada alguna gavilla, no volverás a tomarla; sino que la dejarás que se la lleve el forastero, y el huérfano, y la viuda, para que te bendiga el Señor Dios tuyo en todas las obras de tus manos». (Deuteronomio, XXIV, 19).

XLII

ABSTENTE DE LA CAJA DE CIPRÉS

Ab arca ciparissina abstineto.— Parece que por este símbolo Pitágoras quiso exhortar a los hombres a no hacer muchos dispendios en sus entierros. Los ricos se hacían enterrar en ataúdes de ciprés, porque el ciprés tiene la virtud de conservar los cuerpos. Antes de Pitágoras, Solón trabajó también para moderar los entierros dispendiosos, y después de él Platón tuvo el mismo cuidado, pues se ve en el libro XII de las leyes que regula el gasto a un tipo pequeñísimo, prohibiendo que los ricos gasten más de cinco minas, es decir, cincuenta escudos, en sus funerales, que es lo que fijó también entre los romanos la ley de las XII Tablas: *Rogum ascia ne polito.*

Podría creerse también que este filósofo quiso apartar a sus discípulos de ir a los entierros y que es el mismo precepto que el que Dios dio a los nazarenos: *Omni tempore consecrationis suae super mortuum non ingredietur.*

XLIII

SACRIFICA EN NUMERO IMPAR A LOS DIOSES Y EN PAR A LOS DEMONIOS

Coelestibus imparia sacrificato, inferís vero paria.— El número impar es el más perfecto y el símbolo de la concordia, no pudiendo dividirse, como el número par, que puede partirse a causa de la igualdad de sus partes. Por este motivo es el símbolo de la divinidad.

De ahí que Dios Padre, el Creador de todas las cosas, fuera designado en la doctrina pitagórica por la unidad, y la materia por el dos; y de ahí dedúcese fácilmente el sentido oculto de este símbolo. Yo creo que Pitágoras quiso decir por él, que a los dioses infernales, como más corpóreos y terrestres, se les podía ofrecer sacrificios materiales que pudieran dividirse, y por esta razón se designaban por el número par; y que a los dioses celestes no había que ofrecerles sino lo que es indivisible. El alma o la mente se designaban también por el número impar como el de donde toman su origen.

XLIV

NO OFREZCÁIS A LOS DIOSES VINO DE CEPA SIN PODAR

Ex imputatis vitibus ne Diis libato.— El traductor latino de Plutarco, y, después de él, Amiot, han creído que por este símbolo Pitágoras trataba de apartar a los hombres de ofrecer a los dioses sacrificios sangrientos, y han imaginado que nuestro filósofo había llamado a la sangre vino de vid no podada; pero eso se funda sobre un texto corrompido, como he observado ya en mis notas sobre la vida de Numa. Semejante figura sería por demás violenta. Es preciso, pues, atenerse a la explicación que de este símbolo ha dado Plutarco, diciendo que Pitágoras quiso recomendar la agricultura como una gran parte de la piedad, exhortando a no ofrecer a los dioses nada salvaje y que procediera de una tierra no hecha pródiga y humana por el cultivo.

XLV

NO SACRIFIQUÉIS SIN HARINA

Ne sine farina sacrificato.— Los griegos, antes de ahogar a las víctimas, extendían sobre su cabeza harina de cebada o cebada con sal; es lo que llamaban *ou logitas* y Homero *inlogitas*. Se ha creído que Pitágoras recomendaba por este símbolo no ofrecer jamás una víctima sin esa cebada sagrada; pero yo me atrevo a decir que no es ése el sentido de este precepto; el objeto de Pitágoras es, recomendar la agricultura como en el símbolo precedente, y al mismo tiempo quiere apartar a los hombres de los sacrificios sangrientos, y enseñarles a ofrecer a los dioses nada más que tortas, o si querían ofrecerles víctimas, que las substituyesen con sus imágenes de pasta, como hizo él inmolando un toro hecho de harina, según la costumbre que aprendió en Egipto, y de la que he hablado en la vida de este filósofo.

XLVI

ADORAD Y SACRIFICAD DESCALZOS

Nudis pedibus adorato atque sacrificato.— Pitágoras pudo haber aprendido en Egipto la historia de Moisés, a quien Dios dijo en medio de una zarza ardiendo: «Desata el calzado de tus pies, porque el lugar donde estás es tierra santa» (Éxodo, III, 5). Pero Pitágoras no tomó al pie de la letra esta orden, y se contentó con darle un sentido figurado, y por este símbolo exhortaba a los hombres a hacer sus oraciones y sacrificios con humildad y sencillez.

XLVII

GIRAD SOBRE VOSOTROS AL ADORAR

Circumactus adora.— «Por medio de esta vuelta, dice Plutarco en su vida de Numa, se ve que Pitágoras tenía el propósito de imitar el movimiento del mundo; pero yo creo más bien que este precepto se debe a que, mirando los templos a oriente, los que entraban volvían su espalda al Sol, y por consiguiente estaban obligados, para volverse hacia él, a girar a la derecha; y para ponerse enseguida en presencia de Dios daban una vuelta al acabar su oración. A menos que ese cambio no signifique una semejanza a las ruedas egipcias, y no sea sino para indicar que nada hay estable y permanente en este mundo, y que de cualquier modo que Dios mueva y remueva nuestra vida es preciso tributarle gracias y mostrarse contento». En mis observaciones sobre esa vida de Numa, he explicado ya lo que eran esas ruedas egipcias y he hecho ver que Plutarco no dio la verdadera razón de la vuelta que Pitágoras ordena. Él quería que por ella se adorase la inmensidad de Dios que llena el universo.

XLVIII

ADORAD SENTADOS

Adoraturus sedeto.— Plutarco ha leído este símbolo de otro modo: «Sentaos después de haber adorado». Y dice que eso era por el feliz presagio de que los dioses habían escuchado las oraciones. Pero da enseguida otra razón más aceptable, diciendo que era para acostumbrarnos a no dirigirnos jamás a los dioses sino después de haber hecho nuestros quehaceres, y no les rezáramos de prisa y de pasada, sino cuando pudiéramos emplear para ello todo el tiempo necesario sin precipitación alguna. A mí me parece que la lección de Plutarco no es la buena, y que Pitágoras debió de escribir: adorad sentados, o sentaos para adorar, es decir, adorad tranquilamente y sin impaciencia, con todo el reposo que pide una acción tan santa. Yo añadiría a eso una observación que no creo inútil. Y es que en tiempo de Homero y de Pitágoras no se sabía lo que era adorar arrodillado. Se adoraba de pie o sentados.

XLIX

EN EL SACRIFICIO NO OS HAGÁIS LAS UÑAS

Ad sacrificia tingues ne praecidito.— Hesíodo había dicho muy obscura y enigmática-
mente: «En el festín de los dioses y durante
el sacrificio no substraigáis con el hierro nada
más que cinco palmas, es decir, de la palma
que tiene cinco puntas lo seco del verde es
decir, lo superfluo de las uñas», praesegmina
unguium, porque lo que se corta de las uñas
es seco, y el resto es verde; es lo vivo. Así de
un precepto supersticioso, Pitágoras hizo un
precepto moral. El sentido de este símbolo es
claro; pues es para decir, que mientras se está
en el templo es menester no pensar nada más
que en Dios, estar respetuoso y desechar todos los pensamientos bajos e indignos de la
santidad del lugar y de la religión. Jámblico
ha dado, sin embargo, otra explicación que
me parece muy profunda. Dice que Pitágoras
quiso enseñar por este símbolo que cuando se
hace un sacrificio es menester llamar a los parientes más alejados, a los más remotos y que
son de condición más humilde y despreciable;
porque este acto religioso debe desterrar todo

pensamiento de orgullo y aproximar a las familias. Es sabido que los sacrificios eran siempre seguidos de un festín al que se invitaba a los parientes y a los amigos.

L

CUANDO TRUENE, TOCAD EL SUELO

Cum tonat terram tangito.— El trueno que ruge sobre nuestras cabezas ha sido siempre tomado como una señal de la cólera de Dios. Pitágoras ha querido decir por este símbolo que cuando Dios da señales de su cólera debemos tratar de desarmarlo por nuestra humildad.

LI

NO OS MIRÉIS AL ESPEJO A LA LUZ DE LA ANTORCHA

Ad lucernam faciem in speculo ne contemplator.— El espejo es ordinariamente engañador y engaña aun con ventaja cuando se le consulta a la luz de la antorcha, pues esa falsa luz favorece sus mentiras, las aumenta y sirve para ocultarlas. Pitágoras quiso, pues, advertirnos que no contribuyamos por nosotros mismos a engañarnos mirándonos en los objetos que nos disfrazan y desfiguran; y nos ordena que no nos miremos sino en la verdadera luz, que es la única en que podemos vernos tal como somos.

Se puede llevar también este símbolo a la filosofía, y Jámblico lo ha hecho; pero su explicación es más obscura que el texto. Yo espero que se entenderá mejor ésta. El espejo es aquí la simple apariencia de las cosas de la naturaleza, porque el espejo no representa sino la superficie de las cosas, y la antorcha es la opinión, la imaginación. Si juzgamos, pues, las verdades naturales sobre las apariencias, y no las miramos más que a la luz de las opiniones, luz que es siempre infiel, no podemos menos de engañarnos. Es menester, pues, mirarlas a la verdadera luz, que es Dios, pues el conocimiento de la naturaleza, es una consecuencia y una dependencia del conocimiento de Dios. Y ésta era la doctrina de Pitágoras como lo veremos en los *Versos de Oro* (L y LII) y en los comentarios de Hierocles que van a continuación. Y a lo que se refiere en este símbolo.

LII

UNO, DOS

Unum, doo.— Pitágoras designaba a Dios, Creador de todas las cosas, por *la unidad*, y por *el dos* a la Naturaleza. Este símbolo significa la misma cosa que el precedente, que hay que conocer a Dios ante todas las cosas y después la materia, pues como no se sabría conocer la naturaleza del *dos* si no se conociese de antemano la del *uno*, del mismo modo no se puede conocer este mundo visible si no se conoce a Dios.

LIII

HONRA LAS SEÑALES DE LA DIGNIDAD, AL TRONO Y AL TERNARIO

Honorato in primis habitum, Tribunal et Triobolum.— Jámblico me parece que se aleja mucho del verdadero sentido de este símbolo, cuando dice que Pitágoras quiso insinuar que se debía preferir la secta itálica a la jónica, porque la doctrina itálica es toda incorporal, en lugar de la jónica, que está apegada al cuerpo.

Lilio Giraldo y otros han creído que aquí por Ternario Pitágoras quiso indicar a la Trinidad, pues pretenden que tal misterio no era ignorado de este filósofo, ni de Platón, que parece haber hablado del mismo en su segunda y sexta carta; pero yo estoy persuadido de que se engañan. Pitágoras jamás tuvo la menor idea de la Trinidad, y no sólo no entrevió ese misterio, sino que hasta el sistema de su doctrina parece enteramente opuesto a él, y es de su sistema de donde ha de sacarse la explicación de ese Ternario, tal como la voy a dar. Ya hemos visto que él establecía tres géneros de substancias racionales: los *dioses inmortales*, los genios, es decir, los ángeles, y los hombres muertos en la práctica de la virtud y que la gracia divina ha elevado a la gloria, es decir, los santos. Y he aquí lo que entiende por Ternario y en lo que quiere que concentremos nuestra veneración y nuestro culto, prohibiéndonos honrar ninguna naturaleza inferior a esas tres, como vemos en Hierocles. Yo confío en que se verá que éste es el verdadero sentido de este símbolo. Lo demás es fácil. Por el Trono Pitágoras se refiere a los reyes y príncipes, y designa como príncipes a todos los que tienen autoridad. Él quiere, pues, que honremos a los reyes y a los magistrados, en una palabra, a todos los que Dios ha puesto sobre nosotros para gobernar y conducirnos.

LIV

CUANDO SOPLEN LOS VIENTOS ADORA AL ECO

Flantifibus ventis, echo adora.— Confieso que no entiendo la explicación que Jámblico ha dado a este símbolo diciendo que «es preciso amar y honrar la semejanza, la imagen de las esencias y potencias divinas».

Lilio Giraldo se aproximó a la verdad cuando dijo que los vientos designan aquí «las revueltas, las sediciones y las guerras»; y que el eco es el emblema de los lugares desiertos, pues Pitágoras quiso exhortar a sus discípulos a abandonar las ciudades donde vieran guerras y sediciones y a retirarse a los bosques y desiertos, en donde el eco, como dijo Ovidio:

Inde latet silvis, nulloque in monte videtur. Omnibus auditor.

LV

NO COMÁIS SOBRE EL CARRO

Ex curro ne comedito.— Así es como se ha traducido este símbolo: «El carro indica los viajes y la acción, pues servía para viajar y combatir». Pitágoras quiere advertirnos por este símbolo que no es ocasión de comer cuando se obra, o bien que esta vida, que es un verdadero viaje, es menester no tomarla solo para comer y beber, y pensar sólo en el cuerpo. He ahí la explicación que se ha dado a este símbolo; pero de la que no estoy contento, y hasta que no se halle otra mejor, he ahí mi conjetura. La palabra griega *difros* no significa sólo un carro, sino también una silla, *sellan*. Cuando Pitágoras prohíbe, pues, comer en su sitio, prohíbe también comer sentado, es decir, sin trabajar.

LVI

CALENTAD PRIMERO EL PIE DERECHO, Y

LAVAD PRIMERO EL PIE IZQUIERDO

Dextrum pedem inimum calceato, sinistrum vero primum lavato.— El calor indica las funciones de la vida activa y el baño se refiere a las delicias de una vida muelle y ociosa.

Pitágoras quiere, pues, exhortar a sus discípulos por medio de este símbolo a tener más arrestos por la vida activa que por la molicie y la voluptuosidad.

LVII

NO COMÁIS LOS SESOS

Cerebrum ne edito.— Es decir, no abruméis vuestra mente con un trabajo excesivo que la abata y agote, dadle descanso. *Nec aeternis minorem consilium animum fatiga.*

LVII

NO PLANTÉIS PALMA

Palma ne plantato.— He leído este símbolo de Pitágoras, pero no he hallado en ninguna parte su explicación: es menester adivinarla. La palmera es utilísima y muy saludable en el país donde naturalmente vive. Plutarco atestigua que los babilonios contaban trescientas sesenta utilidades que podían obtenerse de este árbol; pero trasplantado no es bueno para nada y no da más que un fruto salvaje que no se puede comer. Cuando Pitágoras dijo, pues, que no hay que plantar la palma, quiso decir que no hay que hacer sino lo que es bueno y útil. Se puede dar también a este símbolo otro sentido que no me parece tan bueno. Los antiguos han escrito que la yema que los griegos llamaban el cerebro de la palmera era muy agradable de comer, pero que daba dolores de cabeza. Jenofonte refiere lo mismo en el libro segundo de su Ciropedia, dice que los griegos del ejército de Clearco se pusieron malos por comer de ella. Pitágoras nos advierte en este símbolo que es preciso huir de todo lo que es dulce y agradable de primera intención, y que luego causa penas y disgustos.

LIX

LIBAD A LOS DIOSES POR LOS OÍDOS

Libamina Diis facito per auriculam.— Filostrato trae este símbolo en la vida de Apolonio, y dice que hablando un día Apolonio de las libaciones delante de un joven, dijo que había un licor que era menester sacrificarlo a los oídos y hacer de él libaciones por los oídos. El joven se echó a reír porque no es posible beber por los oídos. El joven tomó a la letra un símbolo que debía explicar figuradamente. Pitágoras, y después de él su discípulo Apolonio, quisieron decir que era preciso acompañar de música a las libaciones y honrar a los dioses cantando himnos y cánticos, y que son las libaciones más agradables que pueden hacerse. Pitágoras debió aprender en Egipto que los judíos empleaban la voz y los instrumentos para entonar alabanzas a Dios. «Entonad psalmo, y tocad el pandero, el psalterio gustoso con la cítara» (Salmos, LXXX. 2). Homero conoció también esta verdad, que la música es agradable a Dios, pues hace que en los festines de los dioses, Apolo toque la lira y que las musas canten con una voz llena de encantos.

LX

NO COMÁIS JIBIA

Sepiam ne edito.— Plutarco nos enseña una propiedad singular de la jibia, que nos servirá para explicar este símbolo. Dice que cuando cae en la red arroja un licor, que tiene bajo el cuello, y que es negro como la tinta, y obscureciendo así el mar que la rodea, que se cubre como una nube obscura, se escapa a los ojos del que la ha cogido.

Pitágoras ha querido decir, no emprendáis negocios obscuros y difíciles, que se os escapan cuando creéis tenerlos. También ha querido advertirnos que no tengamos ningún comercio con gentes disimuladas y falsas, pues nos faltarán en la necesidad y se ocultarán de nosotros.

LXI

NO OS DETENGÁIS EN LOS LÍMITES

In limine non consistendum.— Es decir, no permanezcáis en un estado equívoco y dudoso, tomad vuestro partido.

LXII

DEJAD PASAR AL REBAÑO

Progredienti gregi e via cedendum.— Es decir, no os opongáis a la multitud.

LXIII

EVITAD LA COMADREJA

Mustelam devita.— Es decir, huir de los chismosos pues, como dice Plutarco (en el tratado de Isís y Osiris), se pretende que la comadreja pare por la boca, y que por esta razón es el emblema de la palabra, que procede de la boca. Plutarco dice, se pretende, pues sabía perfectamente que eso era falso, y que Aristóteles mismo hizo ver que la comadreja pare como los demás animales, y que esta fábula se funda en que la comadreja transporta habitualmente sus crías de un lugar a otro con la boca.

LXIV

REHUSAD LAS ARMAS QUE OS PRESENTE LA MUJER

Arma a muliere sumministrata rejice.— La mujer a causa de la debilidad de su sexo, es el emblema de la cólera y de la venganza, porque sus pasiones proceden de la debilidad.

Pitágoras quiso decir que es preciso rechazar todas las inspiraciones que proceden del espíritu de venganza. Quizá quiso enseñar también que no hay que mezclarse en los resentimientos de las mujeres y entregarse a los furores que ellas quieren inspirar. Mil ejemplos han hecho ver los males que vienen de ello.

LXV

NO MATÉIS LA SERPIENTE QUE CAE EN CASA

Colubrum intra aedes collapsum ne perimito.— Es decir, no hagáis mal al enemigo que os suplica y es vuestro huésped. La *serpiente* significa siempre el *enemigo*, porque lo es, en efecto, del hombre desde la maldición pronunciada contra él. (Génesis, III, 15).

LXVI

ES UN CRIMEN ECHAR PIEDRAS EN LAS FUENTES

Lapidem infontemjacere scelus.— Esto es para decir, que es un gran pecado atormentar y perseguir a las gentes de bien y a las que sirven útilmente al público. Hesíodo dijo antes de Pitágoras: no orinéis sobre las fuentes, para decir, no corrompáis, no inutilicéis el bien que los demás hacen, ni os burléis de vuestros bienhechores. Salomón comparó también a las gentes de bien con las fuentes cuando dijo: «El justo que cae delante del impío es una fuente enturbiada con el pie, y un manantial corrompido». (Proverbios, XXV, 26).

LXVII

NO COMÁIS DE LA MANO IZQUIERDA

Sinistra cibrum ne sumito.— Es decir, no viváis sino de una ganancia justa y legítima, y no os alimentéis de robos y rapiñas, sino de vuestro trabajo; porque la mano izquierda ha sido siempre la mano sospechosa del ladrón. Es por lo que Catulo escribió a Asinio que le había robado su pañuelo:

Marucine Asini manu sinistra
Non belle uteris in joco atque vino;
Tollis lintea negligentiorum.

LXVIII

ES CRIMINAL QUITAR EL SUDOR CON EL HIERRO

Sudorem ferro alstergere tetrumfacimus.— Se dice para indicar qué es una acción criminalísima el quitar a uno por la fuerza y la violencia lo que ha ganado con su trabajo y el sudor de su frente; pues el sudor se toma ordinariamente por lo que se gana en el trabajo, a causa de la maldición pronunciada, después del pecado del primer hombre: Con el sudor de tu frente ganarás el pan. Este símbolo de Pitágoras dice la misma cosa que esta sentencia del Eclesiastés: «El que quite el pan ganado con el sudor de la frente, es como el que mata a su prójimo».

LXIX

NO APLIQUÉIS EL HIERRO SOBRE LAS HUELLAS DE UN HOMBRE

Hominis vestigio ferro ne confígito.— Es para decir, no manchéis la memoria de los que han muerto. Este símbolo no tiene ninguna relación con el conocido sortilegio que se practica hoy, y por el que se pretende detener a un hombre o a un caballo, fijando un clavo sobre las huellas de sus pasos. Este sortilegio es una quimera de estos últimos tiempos, y desconocida de la antigüedad.

LXX

NO DURMÁIS SOBRE LA TUMBA

In sepulcro ne dormito.— Es para decir que los bienes que os han dejado vuestros padres no han de servir para haceros vivir en la ociosidad y la molicie. Yo estoy persuadido de que Pitágoras sacó este símbolo del precepto de Hesíodo, quien prohibía sentarse sobre los sepulcros.

LXXI

NO ECHÉIS AL FUEGO EL HAZ ENTERO

Integrum fasciculum in ignem ne mittito.— Es decir, vivid económicamente y no os comáis todo vuestro bien de una vez.

LXXII

NO SALTÉIS DEL CARRO A PIES JUNTILLAS

De rheda junctis pedibus ne exilito.— Es para decir, no hagáis nada atolondradamente, ni cambiéis de estado así, de pronto.

LXXIII

NO AMENACÉIS A LOS ASTROS

In astrum ne digitum intendito.— Se dice para indicar que no debéis ir contra los que están por encima de vosotros, y contra los que no trabajan sino por alumbrar vuestras tinieblas.

LXXIV

NO PONGÁIS LA LUZ CONTRA EL MURO

Candelam ad parietem ne applicato.— Es decir, no os obstinéis en iluminar a la gente groseras, pue se resistirá a vuestra luz, como una muralla que rechaza y devuelve los rayos del sol.

LXXV

NO ESCRIBÁIS SOBRE NIEVE

In nive ne scribito.— Es decir, no confiéis vuestros preceptos a los naturales débiles y afeminados; porque el menor *calor*, la menor *perfección*, los funde y desvanece vuestros preceptos. Los griegos han dicho en el mismo sentido «escribir en el agua», para significar que es trabajo inútil dar preceptos a los débiles que no saben retenerlos y de los que se apartan enseguida.

VERSOS
DE ORO

PRÓLOGO

Los *Versos de Oro*, atribuidos a Pitágoras, se supone que fueron compuestos por Lysis y quizás también por algunos otros pitagóricos después del derrumbamiento de la Orden, con la finalidad de dejar a la posteridad un monumento poético que encierre como la quintaesencia del pitagorismo. La composición de esta poesía no constituye, por lo tanto, un acto personal, siendo además la profesión de fe de una escuela. Se han querido distinguir estos versos de los ordinarios, y, por eso, se les ha llamado *Versos de Oro*, o sea del nombre del metal más puro y valioso, como para indicar que son de cualidad esmerada y preciosa.

Esta poesía se divide, por su esencia, en tres partes, correspondientes a grados de perfección o iniciaciones, determinados. Fabre d'Olivet los ha denominado preparación, purificación y perfección.

La *preparación* concierne a los *neófitos* o aspirantes filósofos.

Honra primeramente a los dioses inmortales, según están establecidos y ordenados por la Ley.

Se ha querido indicar con esto que la humildad, la admiración y la gratitud hacia las misteriosas fuerzas de la Naturaleza, son sentimientos que debe cultivar el que anhela penetrar las razones ocultas de las cosas. Es, efectivamente, dejando de fijar la atención en su vana personalidad, inconstante y llena de disonancias, cuando el hombre es capaz de sentir la sublime armonía de lo Absoluto. Y es en ella solamente donde encontrará la fuerza moral, la perseverancia para conseguir su elevación espiritual.

Aquellos dioses de los cuales hablan los *Versos de Oro,* son las Fuerzas-Inteligencias coherentes del cosmos, o si se prefiere, las Leyes sabias y previsoras de la Naturaleza. Participan de la armonía fundamental, expresión de lo divino, lo que explica el por qué se las compara aquí con divinidades. El modo de honrar más dignamente a estas potencias augustas es obedecer sus mandamientos, observando, empero, en el cumplimiento de estos deberes, un criterio adecuado —así como está dicho con otras palabras en el mismo verso— al carácter de la misión de aquellas en la evolución de las cosas.

La segunda parte o *purificación*, corresponde al estado de *discípulo*, tomada esta palabra en su sentido más noble.

Contiene un conjunto de consejos esenciales para el que aspira a vivir los principios de la filosofía. Se le indican sus deberes para con sus semejantes, se le advierte la vigilancia sobre aquellos instintos que asemejan al hombre a los animales, de vencer sus pasiones, de buscar siempre una justa medida en toda cosa para lograr la virtud; se le enseña, en una palabra, *el dominio de sí mismo*. Pero esta elevación de la conciencia por encima de las vanidades y ficciones humanas no ha de degenerar en una egoísta insensibilidad, en un orgulloso desprecio para con los desgraciados de este mundo. El pitagórico practica la fraternidad y la humildad. No encarna la idea del *superhombre* (el gigante de corazón de piedra), sino, mejor todavía: la del *humano*, tomada esta palabra en su más elevada acepción, del ser racional y bueno.

Llegamos ahora a las enseñanzas del tercer grado: la *perfección*. Puede calificarse esta parte de esotérica puesto que concierne a las materias estudiadas por los *matematicoi* y *fisicoi*. El discípulo ha conseguido por su constancia en las virtudes adquiridas, ser un verdadero *adepto*, siendo digno, desde entonces, de disfrutar, con la confianza de sus maestros, los tesoros más preciosos de la divina sabiduría.

Comentaremos los pasajes que más luz requiere:

... no comiences a obrar, sin rogar antes a los dioses terminar lo que vas a emprender

Estos versos no se deben entender en su significado literal. Sería, en efecto, tener un concepto poco elevado sobre estos augustos seres, el darles por misión poner la última mano a las ínfimas tareas de los hombres...

Tomados en su acepción abstracta, estos versos nos enseñan que el hombre debe *inspirarse* en la Naturaleza para *orientar* su conducta, pues así obrará según «el sentido profundo de las cosas».[69]

Cuando te hayas familiarizado con esta costumbre, conocerás la constitución de los dioses y de los hombres,

Es cierto que, en una comunión íntima con la Naturaleza, y aprovechando sus enseñanzas, el sincero investigador ha de conocer, a la luz de la pura Verdad, los Grandes Principios que son la base moral del Universo y las leyes naturales de la Humanidad.

Hasta donde se extienden los seres y lo que los contiene y une.

Hemos visto precedentemente que los pitagóricos comparaban simbólicamente las Leyes Naturales con una jerarquía de seres, a los cuales el hombre debe obediencia.

Conocerás, también, según la justicia, que la naturaleza de este universo, para lado es semejante.

¡Trascendental axioma es éste que expresa la unidad fundamental del universo y nos sugiere que las abstracciones Justicia, Moral y Verdad, son inseparables de la idea de Naturaleza!

Una vez comprendido el verdadero sentido de estos versos, los que siguen parecen muy significativos:

De suerte que no esperarás lo que no debe esperarse, y nada será oculto en este mundo.

Conocerás así que los hombres se atraen voluntariamente sus males, y por su propia elección.

Miserables como son, no ven ni entienden que los bienes están cerca de ellos.

Algunos verán, quizás, en el penúltimo verso que acabamos de citar, una alusión a que la ley espiritual de causa y efecto, llamada Karma en sánscrito, doctrina enseñada por la filosofía oriental y de la cual parecía ser partidario Pitágoras. Pero los versos que preceden a este párrafo nos inclinan a pensar que se refiere, más bien, a los daños que resultan para la humanidad de la inobservancia de las leyes naturales en general.

Ahora bien, ¿cuáles son aquellas augustas leyes de que los pitagóricos hablan implícitamente en todos sus discursos? Los autores de los *Versos de Oro* no dan ninguna precisión sobre ellas. Sin embargo, se encontrará, quizás, una indicación preciosa acerca una de dichas leyes en la advertencia que concierne al adepto, referente a la abstención de las carnes.

Por ser, precisamente, este grado el que correspondía, para los pitagóricos, a la iniciación en las grandes verdades universales, esta recomendación toma aquí una particular importancia. Pitágoras, sabemos, consideraba la carne como un alimento impuro; esto significa, de clase inferior, o mejor dicho, impropio para la naturaleza humana, explicando, además, el filósofo, que la carne incita al hombre a pasiones groseras. ¿Pensaría, también, Pitágoras, como Buffon, Cuvier, Darwin, que el ser humano es, por su constitución frugívoro?

Volviendo a lo antes dicho a propósito de la ley del Karma, añadiremos que no se ha podido determinar con seguridad el criterio exacto que profesaba el sabio de Samos acerca de aquella doctrina. Y hemos de hacer constar que, si la propagaban algunos de sus discípulos, otros la rechazaban.[70]

Cualquiera que fuese el parecer hacia el cual se incline uno, no se deberá olvidar que un ideal emancipador inspiraba a Pitágoras. Y así juzgando por la intención del hombre, que constituye como la esencia de sus actos, es cuando se acertará el criterio más adecuado sobre los puntos oscuros de su obra.

He aquí los *Versos de Oro*:[71]

1

Honra primeramente a los *dioses inmortales*, según están establecidos y ordenados por la ley.

2

Respeta el juramento con toda suerte de religión. Honra después a los genios de bondad y de luz.

3

Respeta también a los *demonios terrestres*,[72] rindiéndoles el culto que legítimamente se les debe.

4

Honra también a tu padre, a tu madre y a tus más próximos parientes.

5

Escoge por amigo entre los hombres, al que se distingue por su virtud.

6

Cede siempre a sus dulces advertencias y a sus acciones honestas y útiles.

7

Y no llegues a odiarle por una ligera falta, mientras puedas.

8

Pues el poder habita cerca de la necesidad.

9

Sabe que todas estas cosas son así; luego acostúmbrate a sobreponer y vencer estas pasiones:

10

En primer lugar, la gula, la pereza, la lujuria y la cólera.

11

No cometas jamás ninguna acción vergonzosa: ni con los demás,

12

ni contigo en particular, y sobre todo, respétate a ti mismo.

13

Luego observa la justicia en tus actos y en tus palabras.

14

Y no te acostumbres a hacer la menor cosa sin regla ni razón.

15

Haz siempre esta reflexión: que por el Destino está ordenado a todos los hombres el morir,

16

y que los bienes de la fortuna son inciertos, y así como se les adquiere se les puede perder.

17

En todos los dolores que los hombres sufren por la *divina fortuna,*

18

Soporta dulcemente tu suerte tal como es, y no te enojes por ello.

19

Trata, sin embargo, de remediarla en cuanto puedas

20

Y piensa que el Destino no envía ta mayor parte de esos males a las gentes de bien.

21

Se hacen entre los hombres muchas clases de razonamientos buenos y malos.

22

No los admires enseguida, ni los aceptes tampoco.

23

Pero si avanzan las falsedades, cede dulcemente, y ármate de paciencia.

24

Observa en toda ocasión lo que voy a decirte:

25

Que nadie, ni por sus palabras ni por sus hechos te seduzca jamás

26

Llevándote a hacer o a decir lo que no es útil para ti.

27

Consulta y delibera antes de obrar, a fin de que no hagas acciones locas.

28

Porque es de un miserable el hablar y obrar sin razón ni reflexión.

29

Haz, pues, todo lo que por consiguiente no te aflija y te obligue luego a arrepentimiento.

30

No hagas ninguna cosa que no sepas.

31

Pero aprende todo lo que es preciso saber, y por ese medio llevarás una vida dichosísima.

32

No hay que descuidar de ningún modo la salud del cuerpo.

33

Así se le ha de dar con mesura de beber y de comer y los ejercicios que necesite.

34

Pero yo llamo mesura a lo que no te incomodará.

35

Acostúmbrate a vivir de una manera propia y sin lujo.

36

Evita provocar la envidia.

37

Y no gastes fuera de tiempo, como el que no conoce lo que es bueno y honesto.

38

Pero no seas tampoco avaro ni mezquino, porque la justa mesura es excelente en todas las cosas.

39

No hagas sino las cosas que no puedan perjudicarte, y razona antes de hacerlas.

40

No cierres tus ojos al sueño así que te acuestes,

41

Sin examinar por tu razón las acciones del día.

42

¿En qué he faltado? ¿Qué he hecho? ¿Qué he dejado por hacer que debía haber hecho?

43

Comenzando por la primera de tus acciones, y continuando por todas las demás.

44

Si en ese examen ves que has faltado, repréndete severamente, y si has hecho bien regocíjate de ello.

45

Practica bien todas estas cosas, medítalas bien; es menester que las ames con toda tu alma.

46

Ellas te colocarán en el camino de la virtud divina.

47

Yo lo juro por aquel que ha transmitido en nuestra alma el sagrado cuaternario.

48

Fuente de la naturaleza, cuyo curso es eterno; pero no comiences a obrar

49

sin rogar antes a los dioses terminar lo que vas a emprender. Cuando te hayas familiarizado con esta costumbre,

50

Conocerás la constitución de los *dioses inmortales* y de los hombres.

51

Hasta donde se extienden los seres, y lo que les contiene y une.

52

Conocerás también, según la justicia, que la naturaleza de este universo para todo es semejante.

53

De suerte que no esperarás lo que no debe esperarse, y nada te será oculto en este mundo.

54

Conocerás así que los hombres se atraen voluntariamente sus males, y por su propia elección.

55

Miserables como son, no ven ni entienden que los bienes están cerca de ellos.

56

Hay muy pocos entre ellos que sepan librarse de los males.

57

Tal es la suerte que ciega a los hombres y les quita el espíritu. Semejantes a los cilindros,

58

ruedan de aquí para allá, siempre abrumados de males sin cuento;

59

porque la funesta contención nacida con ellos, y que les sigue, les agita sin que ellos lo noten.

60

En lugar de provocarla e incitarla, deberían huir de ella, cediendo.

61

Gran Júpiter, padre de los hombres, vos les libraríais de todos los males que les abruman

62

Si les mostraseis cuál es el dominio de que se sirven.

63

Pero ten ánimo: la raza de los hombres es divina.

64

La sagrada naturaleza les descubre los misterios más ocultos.

65

Si ella te hace parte de sus secretos, tú llegarás fácilmente al fin de todas las cosas que te he ordenado.

66

Y curando tu alma, la librarás de todas esas penas y de todos esos trabajos.

67

Abstente de las carnes que hemos prohibido en las purificaciones.

68

Y respecto de la liberación del alma, discierne lo justo, y examina bien todas las cosas.

69

Dejándote siempre guiar y conducir por el entendimiento que viene de arriba y que debe tener las riendas.

70

Y cuando después de haberte despojado de tu cuerpo mortal, seas recibido en el aire puro y libre,

71

serás un dios inmortal, incorruptible, a quien no dominará la muerte.

COMENTARIOS DE HIEROCLES

La filosofía es la purgación y la perfección de la natura leza humana. Es su purgación porque la libra del te mor y de la locura que vienen de la materia y la desase de este cuerpo mortal; y es su perfección, porque la hace recobrar la felicidad que le es propia llevándola a semejarse a Dios. Así únicamente la virtud y la verdad pueden hacer esas dos cosas; la virtud dominando el exceso de las pasiones; y la verdad disipando las tinieblas del error y devolviendo la forma divina a los que están en disposición de recibirla.

Para esta ciencia, pues, que debe hacernos puros y perfectos, es bueno tener reglas breves y precisas que sean como los aforismos del arte a fin de que por medio de ellos podamos llegar metódicamente y por orden a la felicidad que es nuestro único fin.

Entre todas las reglas que contienen un resumen de la filosofía, los versos de Pitágoras, que se llaman *Versos de Oro*, ocupan el primer rango con justicia pues contienen los preceptos generales de toda la filosofía, tanto por lo que respecta a la vida activa como a la contemplativa. Por su medio cada uno puede adquirir la virtud y la verdad, hacerse puro, alcanzar felizmente la semejanza divina, y como dice el Timeo de Platón, que debe mirarse como un maestro exactísimo de los dogmas de Pitágoras, después de restablecer su salud, recobrar su integridad y su perfección, verse en su primer estado de inocencia y de luz.

Pitágoras comienza por los preceptos de la virtud activa; porque ante todas las cosas es preciso disipar y arrojar la locura y la pereza que hay en vosotros, y enseguida aplicarse al conocimiento de las cosas divinas, pues así como un ojo enfermo y que no está curado aún de su fluxión no sabría ver una luz brillante y viva, del mismo modo, el alma que aun no posee la virtud, no sabría detener sus miradas sobre la belleza y esplendor de la verdad; y no está permitido a lo que es impuro tocar a lo que es puro.

La filosofía práctica es la madre de la virtud; y la teorética lo es de la verdad, como puede aprenderse por los mismos versos de Pitágoras, donde la filosofía práctica es llamada virtud humana, y la teorética se celebra bajo el nombre de virtud divina; porque después de haber terminado los preceptos de la virtud civil con estas palabras: «Practica bien todas estas cosas, medítalas bien, es preciso que las ames de todo corazón», continúa: «ellas te pondrán en el camino de la virtud divina y te harán ir sobre los pasos de Dios».

Es necesario, pues, primeramente ser hombre y enseguida llegar a Dios. El hombre son las virtudes civiles que le adornan, y el Dios, son las ciencias que conducen a la virtud divina. Pero en el orden hay cosas pequeñas que deben ser antes que las mayores, si es que se quiere hacer algún progreso. He ahí por qué en estos versos de Pitágoras los preceptos de las virtudes son los primeros, para enseñarnos que es por la práctica de ellos, tan necesaria en la vida, por la que debemos avanzar y subir hasta la semejanza divina. Y el fin y el orden que se propone en estos versos, es dar a los que los leen el verdadero carácter de filósofo, antes que iniciarles en las otras ciencias.

Se les ha llamado, además, *Versos de Oro*, para indicar que en este género es lo que hay de más excelente y divino; pues así como llamamos *edad dorada* al siglo que ha tenido los más grandes hombres, caracterizando la diferencia de las costumbres para las propiedades analógicas de los metales; siendo el oro un metal purísimo y sin ninguna de esas mezclas terrestres que se encuentran en los demás metales que le son inferiores, la plata, el hierro y el cobre; es por esto por lo que es más excelente, como el solo que no engendra herrumbre, mientras los otros se toman en proporción de la mezcla terrestre que poseen. Siendo, pues, la herrumbre la figura y el emblema de los vicios, es de razón que la edad en que reinó la salud y la pureza y estuvo exenta de corrupción en las costumbres, haya sido llamada *la edad de oro*; y así también siendo estos versos soberanamente bellos en todas sus partes, han sido llamados con justicia *Versos de Oro* y divinos, porque no se encuentra en ellos, como en otras poesías, un verso bueno y otro que no lo es, pues son todos perfectamente bellos, representan todos igualmente la pureza de las costumbres, conducen a la semejanza con Dios, y descubren el fin perfectísimo de la filosofía pitagórica, como se verá evidentemente por la explicación que daremos de cada uno en particular.

Comenzaremos por los primeros:

1

HONRA PRIMERAMENTE A LOS DIOSES INMORTALES, SEGÚN ESTÁN ESTABLECIDOS Y ORDENADOS POR LA LEY.

Como la piedad, que se refiere a la causa divina es la guía y la primera de todas las virtudes, con razón el precepto sobre la piedad está a la cabeza de todas las leyes que se prescriben en estos versos. Que es preciso honrar a los Dioses de este universo según el orden en que están establecidos, y que la ley eterna que les ha producido, les ha distribuido con su esencia colocando a unos en la primera esfera celeste, a otros en la segunda, a otros en la tercera, y así sucesivamente hasta que todos los globos celestes han quedado llenos. Porque reconocerlos y honrarlos según el orden y el rango en que han sido colocados por su creador y padre, es obedecer a la ley divina y tributarle todo el honor que se le debe, no elevándoles tampoco demasiado, ni rebajándolos tampoco en dignidad en los sentimientos que uno tiene de ellos, sino tomándolos en lo que son, dándoles el rango que han recibido, y refiriendo todo el honor que se les rinde al solo Dios que los ha creado, y que puede llamarse propiamente el Dios de los dioses y el Dios sumo y bonísimo. Pues el único medio que tenemos para encontrar y comprender la majestad de este Ser excelente que ha creado el mundo, es convencernos que es la causa de los dioses, y el creador de las substancias racionales e inmutables. Son a esas substancias y a esos dioses a los que se llama aquí *dioses inmortales*, porque tienen siempre los mismos sentimientos y pensamientos del Dios que los ha creado, estando siempre atentos y sujetos a ese soberano bien, que han recibido de él inmutable e indivisible el ser y el bienestar, como imágenes inalterables e incorruptibles de esta causa que los ha creado; pues es digno de Dios haber producido tales imágenes de sí mismo, que no pueden alterarse y corromperse por su inclinación al mal, como las almas de los hombres, que son las últimas substancias racionales, siendo los llamados *dioses inmortales* las primeras.

Y es para distinguirlas de las almas de los hombres por lo que se les llama aquí *dioses inmortales*, como no muriendo jamás a la vida divina, no olvidando un solo momento, ni su esencia ni la bondad del padre que las ha creado; pues he aquí que las pasiones y las alteraciones a que está sujeta el alma del hombre, tanto la hacen acordarse de su Dios y de la dignidad para que ha sido creada, como la hacen olvidarse del uno y de la otra. He ahí por qué las almas de los hombres pueden justamente llamarse *dioses mortales*, como muertas a veces para la vida divina por su apartamiento de Dios, y recobrando a veces aquélla por su vuelta hacia él; viviendo así en el último sentido una vida divina, y muriendo en el otro, en cuanto es posible a una esencia inmortal participar de la muerte, no por la cesación del ser, sino por la privación del bienestar; pues la muerte de la esencia racional es la ignorancia y la impiedad, que aparejan consigo el desorden y desarreglo de las pasiones: la ignorancia de lo que es bueno, precipita necesariamente en la esclavitud de lo que es malo; esclavitud de que es imposible libertarse, si no es por la vuelta a la inteligencia y a Dios, que se hace por la reminiscencia.

Luego, entre esos *dioses inmortales* y esos otros *dioses mortales*, como acabo de llamarlos, es necesario que haya una esencia por encima del hombre y por debajo de Dios, y que sea como un lazo y un medio que una los dos extremos de unos y otros, de modo que el todo de la esencia razonable esté bien relacionado y unido.

Este ser medio no está jamás en la absoluta ignorancia de Dios, ni se halla tampoco siempre en un conocimiento inmutable y permanente en el mismo grado, sino más o menos grande. Por este estado de conocimiento, que no cesa jamás absolutamente, está por encima de la naturaleza humana; y por aquél, que no es siempre el mismo, y que disminuye o aumenta, está por debajo de la naturaleza divina. No se eleva por encima de la condición del hombre, sino por el progreso de sus conocimientos, ni tampoco llega a ser inferior a Dios, ni se coloca en ese rango medio, sino por la diminución de esos mismos conocimientos. Pero es por su naturaleza un medio, un ser medio; porque Dios que ha creado todas las cosas, ha establecido esos tres seres: primeros, segundos y terceros, diferentes entre sí por su naturaleza, y sin que puedan jamás cambiar de sitio y confundirse los unos con los otros, ni por el vicio ni por la virtud: pues siendo eternos por su esencia, son diferentes por el rango que se les ha dado; y han sido colocados en ese orden con relación a las causas que los han producido; pues como aquél, éste es el orden que contiene los tres grados de la perfecta sabiduría, el primero, el segundo y el tercero. La sabiduría no es sabia, sino porque produce sus obras en el orden y en la perfección, de manera que la sabiduría, el orden y la perfección se encuentran siempre juntos y no se separan jamás. Del mismo modo, los seres producidos en este universo por el primer pensamiento de Dios, deben ser los primeros en el mundo; los que se han producido por el segundo, los segundos; y por último los que se asemejan al fin de sus pensamientos, los últimos en los seres racionales, porque ésa es toda esa coordinación razonable con un cuerpo incorruptible, que es la imagen completa y perfecta del Dios que la ha creado. Los seres que ocupan el primer rango en este mundo, son la imagen pura de lo que hay en Dios más eminente; los que ocupan el medio, son la imagen media de lo que en ella hay de intermedio; y los que se hallan en tercer lugar y los últimos de los seres racionales, son la última imagen de lo que es lo último en la divinidad. Y de todos esos tres órdenes, al primero se le llama aquí *dioses inmortales*, al segundo, *genios dotados de bondad y de luz*, y al tercero, *demonios terrestres*, como veremos enseguida.

Ocupémonos ahora en los primeros. Pero ¿qué es esa ley?; ¿cuál es el orden a que se ajusta?; ¿cuál es, en fin, el honor que se debe a una y otra? La ley es la Inteligencia que ha creado todas las cosas, es esa inteligencia divina que lo ha producido todo desde la eternidad y que lo conserva también eternamente.

El orden conforme a la ley, es el rango que Dios padre y creador de todas las cosas ha atribuido a los *dioses inmortales*, creándolos, haciéndoles ser unos primeros y otros segundos; pues, aunque primeros todos en esa coordinación razonable, donde han recibido lo más excelente que hay en él, no dejan de ser diferentes entre sí, y son más divinos unos que otros, y así una señal de superioridad y de inferioridad de unos respecto de otros, es el rango y el orden de las esferas celestes que les han sido distribuidas según su esencia y potencia o virtud, de manera que la ley no mira más que su esencia, y el orden no es sino el rango que se les ha dado conforme a su dignidad, pues no habiendo sido creados a la ventura, tampoco han de estar colocados al azar, sino que han sido puestos y creados con orden, como las diferentes partes y los diferentes miembros de un solo Todo que es el cielo, y conservando conexión en su separación y en su unión según su especie, de suerte que no se pueda imaginar ningún cambio en su situación, ni ningún desplazamiento, sin la ruina total del universo. Ruina que jamás ocurrirá mientras la primera causa, que los ha producido, sea inmutable y firme en sus decretos, mientras tenga un poder igual a su esencia, mientras posea una bondad no adquirida, sino adherente y esencial, y que por el amor de ella misma llevará todas las cosas a su bien y felicidad. Así no puede encontrarse otra causa racional de la creación de las cosas que la bondad esencial de Dios. Dios es completamente bueno por su propia naturaleza, y lo que es bueno jamás es susceptible de envidia. Todas las demás causas que se dan de la creación de este universo, fuera de esta bondad, tienen más necesidad de los hombres que de la independencia de Dios.

Siendo Dios bonísimo por su naturaleza, ha producido los primeros, los seres más parecidos a él; los segundos, los que se le asemejan de un modo segundo; y los terceros, o sean aquellos que, semejantes a él, participan menos de su semejanza.

El orden ha sido regulado conforme a la esencia de todos esos seres creados, de suerte que lo que es más perfecto es preferido a lo que es menos perfecto, no sólo en todos los géneros, sino también en las diferentes especies; pues no ha sido al azar cómo todas las cosas han recibido su puesto y su rango, ni por un cambio de elección y voluntad, sino que han sido creadas diferentes por la ley que las ha producido, y tienen su rango conforme a la dignidad de su naturaleza. Es por lo que este precepto: «Hónralos como están colocados y dispuestos por la ley», debe entenderse no sólo de los *dioses inmortales*, sino también de los genios, de los ángeles y de las almas de los hombres; pues en cada uno de esos géneros hay una cantidad infinita de especies colocadas y dispuestas según tienen más o menos dignidad. He aquí cuál es la naturaleza y el orden o el rango de las esencias racionales.

¿Qué es la ley y qué honor es el que la sigue?, repetimos aún. La ley es la virtud inmutable de Dios, según la cual ha creado a los seres divinos, ordenándolos y colocándolos por toda eternidad sin que puedan jamás cambiarse. Y el honor conforme a esa ley es el conocimiento de la esencia de esos seres que uno honra y la semejanza que uno se esfuerza en tener con ellos lo más posible; pues lo que se ama se imita cuanto se puede; y el honor que uno tributa al que no tiene necesidad de nada, consiste en recibir los bienes que nos procura, pues tú no honras a Dios dándole algo, sino haciéndote digno de recibir algo de Él, y como dicen los pitagóricos: «Honrarás a Dios perfectamente si haces que tu alma sea imagen suya». Todo hombre que honra a Dios con dádivas, como a un ser que necesita de ellas, cae sin pensarlo en el error de creerse más poderoso y grande que Dios. La magnificencia misma de los dones y las ofrendas, no es un honor para Dios, a menos que no sea un espíritu verdaderamente conmovido el que los haga ofrecer; pues los dones y las víctimas de los locos no son sino pasto de las llamas, y sus ofrendas un cebo para los sacrílegos; pero el espíritu verdaderamente conmovido y suficientemente fortificado y afianzado en el amor, se une a Dios; y es una necesidad que lo semejante vaya hacia su semejante. Es por lo que se dice que el sabio es el único sacrificador, que es el único amigo de Dios, y el único que sabe cómo se debe orar; pues sabe honrar sólo aquel que no confunde jamás la dignidad de aquellos a quienes honra, quien se ofrece el primero como una hostia pura, quien hace a su alma imagen de Dios, y quien prepara su espíritu como un templo para recibir en él la luz divina. ¿Qué ofrecerás a Dios de las cosas terrestres y materiales de acá abajo que pueda ser su verdadera imagen? ¿Qué don le harás que le pueda estar íntimamente unido, como le acaece necesariamente a la esencia racional, que está purgada y purificada?

En efecto, como dicen los mismos filósofos: «Dios no tiene sobre la tierra un lugar más propio para su albergue, que un alma pura». Lo que se acuerda perfectamente con este oráculo de Apolo Pytio: «Habito con menos placer en el brillante Olimpo, que en las almas de los hombres».

Así, el hombre piadoso, es aquel que, teniendo conocimiento de Dios, ofrece su propia perfección, como el mayor honor que puede ofrecer a la causa de todos los bienes; el que por afán de adquirirlos se vuelve incesantemente hacia los que pueden darlos, y el que siempre se hace digno de recibirlos, honra perfectamente a los que los otorgan sin cesar. Todo hombre que quiera honrar a Dios de otra manera, y de ningún modo por sí mismo y por los sentimientos de su corazón, hace consistir ese honor en una profusión inútil de bienes exteriores, y trata de pagar ese deber, no ofreciéndole la santidad y la virtud, sino dándole bienes temporales y perecederos. Estos son los dones que un hombre honrado no sabría recibir agradablemente ni recibir con las convenientes disposiciones. Sobre eso he aquí también una respuesta de Apolo Pytio que merece referirse. Habiendo inmolado un hombre una magnífica hecatombe, sin ningún sentimiento de piedad, quiso saber del dios cómo había recibido su sacrificio. El dios le respondió: «La simple cebada del célebre Hermiones ha sido agradable a mis ojos»; indicando así que prefería a toda aquella magnificencia la ofrenda más mezquina, porque revelaba por los sentimientos una verdadera piedad. Y con la piedad todo es agradable a Dios, mientras que sin ella nada puede agradarle jamás.

He ahí lo bastante por ahora sobre la santidad. Pero parece que una observancia exacta e inmutable conserva la ley de coordinación de este universo, y esto es a lo que acostumbran los antiguos llamar *juramento*, nombre misterioso e inefable, del guardián de esta observancia. Así es muy de razón que después del precepto de los dioses se ponga aquí el del juramento como una consecuencia y necesaria dependencia.

2

RESPETA EL JURAMENTO CON TODA SUERTE DE RELIGIÓN. HONRA DESPUÉS A LOS GENIOS DE BONDAD Y DE LUZ.

Acabamos de enseñar que la ley es la virtud de Dios, por la que hace todas las cosas inmutables y por toda eternidad. Y aquí, en consecuencia de esa ley, diremos que el juramento es la causa que conserva todas las cosas en el mismo estado, y las confirma y asegura como firmes y estables por la fe del juramento, conservando por aquél el orden establecido por la ley, de manera que la inmutable coordinación de todos los seres creados, no es sino el efecto de la ley que los ha producido y del juramento que los mantiene y asegura. Puesto que todos los seres se hallan dispuestos y ordenados por la ley, ésa es la principal obra y el primer efecto del juramento divino, que es ante todo y siempre guardado por aquellos que piensan siempre en Dios; pero que con frecuencia es violado por los que no piensan siempre en Él y le olvidan algunas veces. En efecto, a medida que se alejan de Dios, violan el juramento, y le guardan a medida que se aproximan a él; porque el juramento no es aquí sino la observación de las leyes divinas y el lazo por el que se unen a Dios creador, todos los seres creados para conocerle, y entre los cuales, los que están siempre unidos a él, respetan siempre el juramento, y los que se le apartan a veces, se hacen impíos por faltar al juramento, no sólo transgrediendo el orden de la ley divina, sino violando la fe del divino juramento: y tal es el juramento, que se puede decir *innato y esencial* a los seres racionales de mantenerse siempre únicamente unidos a su padre y creador y no transgredir jamás en modo alguno las leyes que él ha establecido.

Así, el juramento al que se recurre en la vida civil, es como la sombra y la copia de ese primero, y lleva rectamente a la verdad a los que se sirven de él como es preciso, pues disipando la ambigüedad y la incertidumbre de los designios del hombre, hácelos claros y ciertos; los fija y los fuerza a ser tales como se les ha declarado, ya en las palabras, ya en las acciones, descubriendo de un lado la verdad de lo que se hace, y exigiendo y asegurando de otro lo que está por hacer. He ahí por qué es muy justo respetar sobre todo el juramento. El primero, que precede por su esencia, es respetable, como el guardián de la eternidad; y el juramento humano, que es un socorro asegurado en los negocios de la vida debe respetarse como una imagen del primero, ya que después del juramento divino es el más seguro depositario de la certidumbre y de la verdad y enriquece con costumbres excelentes a los que aprenden a respetarle.

Así el respeto debido al juramento no es sino la observancia tan fiel e inviolable como se pueda de lo que se ha jurado: y esa observancia es la virtud que asocia y une con la firme estabilidad y con la verdad del hálito divino a los que les respetan por una necesidad franca y libérrima.

La inefable santidad del primer juramento se puede recobrar por la conversión a Dios cuando por las virtudes purgativas nos curamos de la transgresión de ese juramento divino. Pero la santidad y la fidelidad del juramento humano se conservan por las virtudes políticas, pues los que poseen esas virtudes son los únicos que pueden ser fieles en los juramentos de la vida civil, y el vicio, padre de la infidelidad y del perjurio, quebranta el juramento por la instabilidad e inconstancia de las costumbres. En efecto: ¿cómo ha de ser fiel el avaro cuando se trate de dar o recibir dinero? ¿Puede haber fidelidad en los juramentos de los intemperantes o del malvado? Unos y otro, por lo que crean hallar de ventajoso para sí no cumpliendo el juramento, dejarán de cumplirlo y renunciarán a todos los bienes divinos por los bienes temporales y perecederos. Sólo aquellos en quien la posesión de las virtudes es firme y asegurada, sólo ellos, pueden conservar el respeto que exige la majestad del juramento. Así, el camino más seguro para conservar la inviolabilidad en este respeto, es no usar de él con frecuencia, ni de modo temerario, para las menores cosas, para el ornato del discurso, ni para testimoniar lo que se cuenta; pues se le debe reservar para las cosas necesarias y honorables, y para aquellas ocasiones en que parezca que no hay otro camino para la salvación de la verdad que el juramento. El único medio, por lo demás, de que todos los asistentes se persuadan de la verdad de lo que decimos, es hacer de modo que nuestras costumbres se acuerden con nuestros juramentos, no dejando a nuestro prójimo nada que le haga sospechar que somos capaces de preferir cualquier fortuna a la verdad, hayamos o no hayamos jurado.

Este precepto, *respeta el juramento*, nos ordena no sólo ser verídicos y fieles en el juramento, sino abstenernos de él, porque no usar demasiado del juramento es el mejor medio y el más corto de ser fieles y veraces. La costumbre de jurar precipita fácilmente en el perjurio, mientras que la rareza en el jurar produce de ordinario la observancia del juramento, pues o no se jura, o si se jura se es fiel y veraz. No soltando demasiado la lengua, y dejando su lugar a la reflexión, no se seduce al espíritu y se le corrompe por el torrente de las pasiones. Sosteniendo y regulando la mente por costumbres honestas, la lengua se refrena, absteniéndose de jurar. Así, pues, la fidelidad en el juramento, acuérdase perfectamente con el honor que el primer verso nos ordena tributar a los dioses, pues ella es la compañía inseparable de la piedad. Así, el juramento es el guardián de la ley divina para el orden y coordinación de este universo.

Honra, pues, esta ley obedeciéndola en lo que ordena, y *respeta el juramento*, no sirviéndote de él en todas las ocasiones, a fin de que te acostumbres a jurar verdaderamente por hábito de no jurar, pues no es una pequeña parte de la piedad la verdad en el juramento.

Esto es bastante sobre los primeros seres, sobre la ley divina, que ha producido el orden y la coordinación de las cosas, y sobre el juramento que es la consecuencia y dependencia de esta ley. Pero parece que después de los *dioses inmortales* es preciso honrar al ser que llamamos angélico.

El autor de los versos dice: *Honra después a los genios llenos de bondad y de luz*. Estos genios son los seres intermedios que ocupan el segundo rango, después de los *dioses inmortales*, y que preceden a la naturaleza humana, relacionando los últimos seres con los primeros. Y puesto que ocupan el segundo lugar, es menester honrarlos en segundo término, sobreentendiendo así las palabras del primer precepto: pues toda la virtud y la fuerza de ese honor consisten en conocer verdaderamente la esencia de los que honramos, y ese conocimiento hácenos encontrar sin esfuerzo todo lo que debemos hacer y decir para honrarlos como se debe. Porque ¿cómo se hablará convenientemente a los que no se conoce y cómo se les ofrecerán presentes si se ignora su dignidad? El primero y verdadero honor respecto de esos genios llenos de bondad y de luz, el primero que podemos tributarles, es conocer su esencia, su orden, discernir el preciso y justo empleo de ellos y perfección con que contribuyen al universo por consecuencia del rango que ocupan, porque debemos proporcionar en todas las cosas el honor que les demos a su esencia, y esa medida no puede deducirse sino del conocimiento que tengamos de ellas. Así, cuando conocemos la naturaleza y el rango de cada ser, entonces podemos tributarles el honor que se merecen y que la ley quiere que se les haga. Y no honraremos ninguna naturaleza inferior a la naturaleza humana; pero sí honraremos principalmente a los seres que son superiores por su esencia y a los que, siendo iguales a nosotros, se distinguen y sobresalen entre nosotros por la eminencia de su virtud.

De todos los seres superiores a nosotros por su esencia, el primero y el más excelente es Dios, que ha creado todas las cosas, y el que también ha de ser honrado así por encima de todos sin comparación alguna. Y aquellos que están cerca de él, y por él los primeros en el mundo, que piensan siempre en él, que expresan y representan fielmente en ellos todos los bienes de que son causa, y del que los ha creado, les hace sus copartícipes, y el primer verso los llama *dioses inmortales*, porque no mueren jamás, ni dejan de asemejarse nunca a Dios, y perseverando siempre del mismo modo, deben recibir después de él, como ya he dicho, los primeros honores. Los segundos honores, los honores medios, se deben a los seres segundos, a los que ocupan el segundo lugar, que son los llamados aquí *genios de bondad y de luz*, que piensan siempre en su Creador, y que están iluminados por la luz de la felicidad que gozan cerca de él, no siempre, sin embargo, del mismo modo y sin cambio, pues estando unidos a Dios como medianeros, y habiendo recibido la gracia de girar a su alrededor, sin poder desviarse, ruedan siempre alrededor de ese primer ser; pero con esfuerzos que no son siempre iguales, y por el pleno conocimiento que tienen de sí mismos aflojan y estrechan la intimidad inmutable que tienen con Dios, haciendo del fin de ella el comienzo de su iniciación. Es por esto por lo que se les llama *genios excelentes*. El epíteto *excelentes* indica por su raíz que están llenos de bondad y de luz, no cayendo jamás en el vicio y en el olvido. Y el término *genios*, viniendo de una palabra que significa *amor*, indica que, llenos de amor de Dios, no tratan sino de ayudarnos a pasar de esta vida terrestre a la vida divina, haciéndonos ciudades del cielo.[73] Se les llama también *demonios buenos*,[74] como instruidos y sabios en las leyes divinas, y a veces se les da el nombre de *ángeles* porque nos declaran y anuncian las reglas para la vida buena y feliz.

A veces, también, según esos tres sentidos, los dividimos en tres clases: A los que se aproximan más a los seres celestes y divinos, los llamamos *ángeles*; a los más próximos a las cosas terrestres, *genios*; y a los que se hallan igualmente apartados de los dos extremos, *demonios*, como lo ha hecho Platón con frecuencia. Otros no dan a estos seres medianeros o intermedios más que uno de los tres nombres, llamándolos *ángeles*, *demonios* o *genios*, por las razones que ya hemos dicho, y así lo hace el autor de estos versos. Él los llama *genios llenos de bondad y de luz*, pues son respecto del primer género, como el esplendor al fuego, y como los hijos respecto al padre. Es por lo que son celebrados como los hijos de los dioses, y con justicia, pues no han nacido de raza mortal, y han sido producidos por su causa uniforme y simple, como la luz viene de la esencia del cuerpo luminoso, la luz clara y pura después de la cual fácilmente se imagina uno una luz llena de sombra y entenebrecida. Y a esa luz obscura, responde analógicamente el tercer género de seres, es decir, el género humano, a causa de su inclinación al vicio y al olvido, que le hacen incapaz de pensar siempre en Dios. Este género es inferior a los seres que piensan en aquél constantemente y a los que cesan momentáneamente de pensar en el mismo: he ahí sus tinieblas. Pero es superior a los seres sin razón en que puede pensar algunas veces en él, y ser llamado a la ciencia divina, cuando se une a los coros celestes despojándose de todos los afectos carnales y se deshace de toda corrupción corporal: he ahí su luz. Entonces, aquel que ha sido honrado de esa gracia divina, se hace digno de nuestros homenajes y respetos como elevado y ornado con la igualdad de nuestra naturaleza, por la participación que toma en otra mejor. Pues todo hombre que ama a Dios debe amar también a todo ser que tiene con Dios alguna semejanza, posea esa semejanza de toda eternidad o la haya adquirido después de algún tiempo, como todos los hombres que se han distinguido por su virtud sobre los cuales el verso siguiente va a darnos un precepto.

3

RESPETA TAMBIÉN A LOS DEMONIOS TERRESTRES RINDIÉNDOLES EL CULTO QUE LEGÍTIMAMENTE

SE LES DEBE.

El autor de estos versos, hablando de las almas de los hombres que están ornadas de verdad y de virtud les llama demonios, como llenas de ciencia y de luz, y enseguida, para distinguirlas de los demonios que lo son por su naturaleza y que se hallan en el medio como ya se ha dicho, añade el epíteto de *terrestres* para dar a entender que pueden conversar con los hombres y animar los cuerpos mortales, habitando sobre la tierra. Llamándoles *demonios*, sepáralos de los hombres malvados e impíos que son muy ignorantes, y por consiguiente están muy alejados de ser demonios; y al añadirles el epíteto *terrestres*, los separa de aquellos que están siempre llenos de luz y de ciencia, y que por su naturaleza no viven sobre la tierra, ni animan los cuerpos terrestres o mortales, pues este nombre de *demonio terrestre,* sólo conviene al que por su naturaleza, llega a ser demonio por la costumbre y la unión de saber las cosas de Dios. El tercer género se denomina sencilla y propiamente terrestre, como la última de las substancias racionales y por completo entregado a la vida terrestre; pues el primero es celeste, y el segundo, que es el del centro, el de en medio, es etéreo. Así, pues, siendo terrestres todos los hombres, es decir, perteneciendo al tercer y último rango entre las substancias racionales, y no siendo todos demonios, es decir, no estando dotados de ciencia y de luz, con razón el autor de estos versos une esas dos palabras demonios terrestres para significar a los hombres sabios y virtuosos, porque todos los hombres no son sabios y todos los sabios no son hombres. Los genios y los *dioses inmortales*, que por su naturaleza son superiores a los hombres, están así dotados de sabiduría y virtud.

Este verso nos ordena, pues, respetar y venerar a los hombres que han encontrado un puesto en los órdenes divinos, y a los que se les puede considerar como iguales a los demonios, a los ángeles y a los genios, pues no es de creer que se nos aconseje aquí honrar y respetar a ese género vil y despreciable de demonios, como el uso ordinario de la palabra demonio terrestre parece indicar, porque, en una palabra, todos los seres inferiores a la naturaleza humana no deben de ningún modo ser honrados por los que están tocados del amor de Dios y sientan su dignidad y su nobleza. No honraremos siquiera a ningún hombre, después de los seres superiores, si no se asemeja a ellos y está comprendido en el coro divino. ¿Cuál es, pues, el honor que se le debe? Ya lo dice el verso: *el culto que legítimamente merecen*, y ese culto consiste en obedecer los preceptos que nos han dejado, y en mirarles como leyes inviolables, en seguir el mismo sendero de vida por donde han ido que nadie puede impedirnos proseguir, que ellos nos han transmitido con mil penas y trabajos, como una herencia de sus padres y una herencia inmortal, consignando en sus escritos, para el bien común de los hombres, los elementos de las virtudes y las reglas de la verdad. Obedecer sus reglas y conformar la vida con ellas, es honrarles más verdadera y sólidamente que si se hiciesen sobre sus tumbas libaciones exquisitas y se les ofrecieran suntuosos sacrificios. He ahí el honor que se debe a los seres superiores, honor que comenzando por el Creador, y pasando por seres medios, que son los etéreos y celestes, concluye y termina en los hombres que han sido virtuosos y buenos; pero para lo que hay que hacer también un gran acopio de lazos que se encuentran en la vida como los padres y los parientes, que aunque no estén absolutamente en ese orden de perfección y de virtud, no dejan por ello de merecer nuestros respetos por la dignidad del lazo que con ellos nos une.

El autor añade así:

4

HONRA TAMBIÉN A TU PADRE Y A TU MADRE, Y A TUS MÁS PRÓXIMOS PARIENTES.

Se nos acaba de ordenar que respetemos y veneremos a las gentes de bien, como a los hombres divinos que gozan de la felicidad, y aquí se nos exhorta a honrar a nuestro padre, a nuestra madre y a todos los que se relacionan con ellos por los lazos de la sangre, cualesquiera que sean, a causa de la misma necesidad de esos lazos. Pues lo que son los seres superiores respecto de nosotros, los celestes que están en el lugar de padres, por los lazos que entre ellos y nosotros hay de toda eternidad, y los genios que ocupan el de parientes, son también para nosotros en esta vida mortal nuestros padres, nuestras madres y los parientes que les tocan más de cerca, y por esta razón deben recibir de nosotros los primeros honores después de nuestros padres y nuestras madres. ¿Cómo les honraremos, pues? ¿Será reglando nuestra vida por sus sentimientos, de modo que no pensemos ni hagamos nada más que lo que les sea agradable? Pero de esa manera, nuestra presteza para la virtud, degenerará en presteza para el vicio si ellos son malvados y viciosos. Por otra parte también, ¿les menospreciaremos cuando nos percatemos de sus vicios? ¿Cómo les obedeceremos ajustándonos a la ley que aquí se nos da? ¿Podremos, no honrando a nuestros padres, que son imagen de Dios, ni a nuestros parientes, que lo son de los genios, podremos, digo, no ser impíos con aquellos que convenimos se les asemejan? ¿Y esa virtud que pretendemos practicar desobedeciendo a nuestros padres a causa de sus vicios, no produce un gran mal, que es la impiedad? Si les obedecemos en todo, ¿cómo no ha de suceder que nos alejamos de la piedad y de la práctica de las virtudes, si ocurre que por la corrupción de sus costumbres, no nos enseñan la verdad y la virtud? Pero si todo lo que nuestros padres nos ordenan es bueno y verdadero, el honor que les tributemos se acordará perfectamente con el honor y la obediencia que debemos a los dioses. Pero si la voluntad de nuestros padres no se conforma siempre con las leyes de Dios, los que se encuentren en esa especie de contradicción y de antinomia, ¿deben hacer otra cosa que lo que se practica todos los días con los demás deberes, que en ciertas coyunturas son incompatibles, y en las que es preciso violar el uno para observar el otro? Pero entre dos acciones propuestas, una buena y otra mejor, debe preferirse necesariamente la mejor cuando no pueden realizarse las dos. Es una buena acción obedecer a Dios, y lo es también obedecer al padre y a la madre. Si lo que Dios y nuestros padres exigen de nosotros se acuerda, obedeciéndolo tenderemos al mismo fin, y será para nosotros una gran fortuna, y tal doble deber, indispensable. Pero si la ley de Dios nos manda una cosa, y la de nuestros padres otra, en esta contradicción que no puede producir un acuerdo, debemos obedecer a Dios desobedeciendo a nuestros padres en sólo aquellas cosas en que no obedecen ellas a las leyes divinas, pues no es posible que el que quiere observar exactamente aquellas leyes se acuerde con los que las violan. En todas las demás cosas honraremos a nuestros padres con todo nuestro poder y sin límites, sirviéndoles nosotros mismos y suministrándoles abundantemente, y de todo corazón, los bienes que necesiten, pues es muy justo que se sirvan de los que han engendrado y nutrido. Pero en lo que no hemos recibido de ellos la ley no nos obliga y nos liberta de su poder, ordenándonos buscar el verdadero padre, para que tratemos de unirnos a él y trabajemos particularmente por hacernos a su imagen; y de ese modo podremos conservar los bienes divinos y los humanos; y como no nos desatengamos de nuestros padres por un vano pretexto de virtud, no caeremos tampoco por una obediencia ciega e insensata en el mayor de todos los males, que es la impiedad.

Cuando nos amenacen con la muerte por nuestra desobediencia o con desheredarnos, es menester que no nos amedrentemos por ello, y pensemos desde luego sobre qué caerán. Ellos no amenazarán más que lo que han creado; pero lo que está a cubierto de sus cóleras, lo que no puede sufrir sus injusticias, y no procede de ellos, es menester conservarlo libre y sometido a Dios. El verdadero honor que la virtud nos ordena tributar a nuestros padres es no economizar para su servicio, ni nuestro cuerpo, ni nuestros bienes, sino someternos a ellos en todo lo que se refiere a esos dos ministerios, porque es justo y conveniente no rehusar nunca el trabajo de nuestras manos, al contrario, cuanto más penoso, vil y de esclavo sea ese servicio, más debemos procurar que nos agrade y debemos honrarle. Menos debemos aún rehusarles los bienes que les sean necesarios, y disminuir su despensa por espíritu de avaricia, debemos más bien suministrarles de todo corazón y con abundancia todo lo que necesiten, regocijándonos y considerándonos felices por servirles con nuestros bienes y nuestro trabajo, porque hacer esas dos cosas con alegría y con buena voluntad, es cumplir la ley de la virtud y pagar sus derechos a la naturaleza.

He ahí cuál es el honor que debemos a nuestros padres y a nuestras madres. El que debemos a sus parientes, y que no es sino el segundo, se mide por el grado de parentesco, de suerte que después de nuestros padres honraremos a sus parientes más o menos según la naturaleza nos haya más o menos unido con ellos.

5

ESCOGE POR AMIGO ENTRE LOS HOMBRES, AL QUE SE DISTINGUE POR SU VIRTUD.

Después del precepto que prescribe el primer honor que debemos a la primera parentela, y el que debemos a nuestros padres y a sus parientes, que es una consecuencia del prime-

ro, a continuación nos da una ley respecto de
la amistad. Y ésta es escoger para amigo nuestro, entre los que no son de la familia, al más
honrado y honesto de los hombres, unién-
donos a él para la comunicación de las virtudes, a fin de que hagamos del hombre de bien
nuestro amigo para una buena causa, y que no
busquemos su amistad por ningún otro interés; de suerte que este precepto es enteramente
parecido a la advertencia que se nos ha dado
sobre las gentes de bien que ya han muerto,
pues como en aquél se nos ha dicho que no
debíamos honrar sino a los que están llenos
de ciencia y de luz, en éste se nos dice que no
debemos hacer amigos nuestros, sino a los que
son probos y virtuosos. Sobre aquéllos no se
nos da a escoger, porque nuestros padres y sus
parientes nos los da la naturaleza; un padre y
un hermano atraen naturalmente el respeto;
pero en los demás, en los amigos, la virtud
únicamente lo hace todo, de la misma manera
que el mérito lo hace con los muertos.

Los seres que preceden a estos últimos, es
la misma naturaleza la que les hace respeta-
bles y la que nos ordena honrarlos. En el cielo
éstos son los dioses y los genios, y aquí abajo
nuestros padres y parientes, que en la naturaleza mortal nos representan incesantemente la

imagen del parentesco inmortal que nos liga a esos dioses y genios.

He ahí cuál ha de ser la primera busca y adquisición de un amigo. Y respecto a los medios de que uno ha de servirse para conservarle mientras contribuya a nuestro verdadero bien, o de que ha de valerse para abandonarle si se corrompe y no obedece a los preceptos y consejos que tienden a su perfección, nos los va a enseñar enseguida en los versos siguientes:

6

CEDE SIEMPRE A SUS DULCES ADVERTENCIAS, Y A SUS ACCIONES HONESTAS Y ÚTILES

7

Y NO LLEGUES A ODIARLE POR UNA LIGERA FALTA, MIENTRAS PUEDAS

8

PUES EL PODER HABITA CERCA DE LA NECESIDAD

Trátase aquí de la manera como hay que conducirse con los amigos. En primer lugar, es menester ceder a ellos y obedecerles cuando nos den consejos honestos y hacen algo para nuestra utilidad, porque es por este bien común por el que la ley de la amistad nos une, a fin de que nos ayuden a acrecentar en nosotros la virtud, y nosotros la acrecentemos recíprocamente en ellos, porque como compañeros de viaje vamos juntamente en el camino de la mejor vida, y lo que uno vea mejor que el otro debemos decírnoslo, refiriéndolo a la utilidad común, cediendo dulcemente a los buenos consejos de los amigos y haciéndoles partícipes de todo cuanto tenemos de honesto y útil. Y por lo que toca a las riquezas, a la gloria y a las demás cosas que resultan del conjunto mortal y perecedero, no debemos tener nunca con nuestros amigos la menor diferencia, pues eso es odiar por una ligera falta a los que son nuestros amigos para los más grandes bienes. Soportaremos, pues, a nuestros amigos en todas las cosas, como estando ligados a ellos por la más grande de todas las necesidades, por los lazos de la amistad. No hay más que un solo punto en el que no hemos de soportarlos. No cederemos de ningún modo cuando se dejen corromper, y no les seguiremos de ninguna manera cuando se aparten del camino de la sabiduría para entrar en el del vicio; no nos dejaremos arrastrar con ellos lejos del fin de la virtud, y pondremos todos nuestros esfuerzos a contribución para que vuelva al buen camino nuestro amigo. Si no podemos persuadirle, nos mantendremos en reposo sin mirarle como enemigo, a causa de nuestra antigua amistad, ni como amigo, a causa de su corrupción. De suerte que por esta sola razón le abandonaremos, y renunciaremos a él, como incapaz de ayudarnos por su parte para el cultivo y acrecentamiento de nuestra virtud, para lo cual únicamente le habíamos buscado. Pero hay que tener cuidado de que esta separación no degenere en enemistad, pues aunque haya roto él primeramente nuestra unión, estamos obligados a tener mucho cuidado en llamarle nuevamente a su deber, sin regocijarnos de su caída, sin insultar su error y su falta, sino más bien compadeciendo su desgracia con dolor y con lágrimas, rogando por él y no olvidando ninguna de las cosas que le pueden devolver la salvación por el arrepentimiento. Pero las cosas que pueden llamarle nuevamente a su deber, es no entablar con él ninguna polémica, ni sobre el bien ni sobre la gloria; es no privarle de nuestra sociedad con menosprecio y altanería; es no triunfar de sus desgracias utilizándolas a favor de nuestra ambición y nuestra vanidad. Y como lo que más contribuye a que conservemos los amigos o a que prescindamos de ellos con razón y con justicia, o en fin a ponernos en estado de llamarlos al deber por el arrepentimiento, es soportar sus faltas, y no mantener con ellos ninguna discusión sobre intereses mezquinos, hay que tener indulgencia ante todo y no ser muy rigurosos. En una palabra, tener una paciencia tan grande que ella sea nuestro poder. He ahí por qué el autor de estos versos añade: *mientras puedas*, esto es, *cuanto puedas*. Y enseguida, a fin de que no midamos la potencia por la voluntad, sino por las fuerzas de la naturaleza, nos advierte que *el poder habita cerca de la necesidad*, pues cada uno de nosotros se convence todos los días, por su propia experiencia, de que la necesidad le hace encontrar fuerzas que no ha sospechado poseer. Es menester, pues, que comprendamos que debemos soportar a nuestros amigos tanto como la necesidad nos haga ver que podemos hacerlo, y lo que nos ha parecido insoportable debemos hacer que lo sea por la necesidad de la amistad, porque no debemos imaginarnos que el valor y la generosidad no deben emplearse sino en las cosas que demandan fuerza y violencia, todo lo que tienda a conservar o reconquistar a nuestros amigos pide y merece una gran paciencia como si fuesen órdenes mismas de la necesidad divina. Así, para los sabios, la necesidad del espíritu es más fuerte y potente que toda fuerza que viene de fuera. Sea, pues, que mires la necesidad que viene de las circunstancias, o sea que consideres la necesidad de la voluntad, esta necesidad libre e independiente que está contenida en los límites de la ciencia y que emana de las leyes divinas, tú encontrarás la medida del poder que está en ti y que este verso quiere que emplees para tus amigos, ordenándote no rompas fácilmente con ellos, ni les odies por una falta levísima. Este verso tiene en muy poco todo lo que no toca al alma, nos prohíbe hacer un enemigo de nuestro amigo por viles intereses, y nos ordena tratar con completa indiferencia todas las cosas exteriores reconquistando al amigo, y que nos pongamos en estado de darnos cuenta de que conservamos nuestros amigos mientras de nosotros depende, pues hemos vuelto a llamar a aquellos que se dejan dominar por el vicio, no habiéndoles dado motivo para romper con nosotros, ni hecho nada semejante, cuando fueron los primeros en renunciar a nuestro trato; pues he ahí lo que exige la sagrada ley de la amistad, ley que es de una virtud eminentísima y que, como muy perfecta excede sobre todas las demás virtudes; pues el fin de las virtudes es la amistad, así como el principio de ellas es la piedad.

Las reglas de la piedad son para nosotros las semillas de los verdaderos bienes; y el hábito de la amistad el fruto perfectísimo de las virtudes. Y como es menester siempre conservar la justicia, no sólo con aquellos que usan bien de ella respecto de nosotros, sino también con los que tratan de hacernos mal, de ahí que por miedo de hacerles mal por mal no caemos en el mismo vicio, y es menester así conservar siempre la amistad, es decir, la humanidad con todos los que son de nuestra especie. Así daremos la justa medida a la amistad, y colocaremos a cada uno en el orden y el rango conveniente, si amamos a las gentes de bien, y por el amor de la naturaleza y por el amor de sus inclinaciones, como conservando en ellos la perfección de la naturaleza humana; y si amamos a los malos, cuyas inclinaciones y sentimientos nada tienen que nos pueda hacer buscar su amistad, si les amamos, repito, por el amor de la naturaleza sólo, que nos es común con ellos, es porque se ha dicho muy bien: «el sabio no odia a nadie y ama sólo a las gentes de bien»; pues como ama al hombre, no odia siquiera al malo, y como busca al virtuoso para comunicarse con él, le escoge sobre todo, por objeto de su afecto, como el más perfecto; y en las medidas y reglas de su amistad imita a Dios, que no odia a ningún hombre, y que ama con preferencia al hombre de bien, y extiende su amor sobre todo el género humano, con cuidado de dar a cada particular la parte que merece, llamando y unificando hacia sí a las gentes de bien, y llamando de nuevo a sus deberes a los desertores de la virtud por las leyes de la justicia, porque eso es lo que es proporcionado y útil a los unos y a los otros. Así es cómo debemos conservar la amistad con todos los hombres, repartiéndola entre ellos según su mérito y dignidad, pues practicaremos la temperancia y la justicia con todos los hombres, y no sólo con los justos y temperantes, y no seremos buenos con los buenos y malos con los malos; porque de esta manera todos los accidentes podrían cambiarnos y no tendríamos en propiedad ninguno, aunque pudiéramos extendernos y derramarnos sobre todos los hombres. Que si hemos adquirido el hábito de la virtud, no dependa del primero que llegue para que lo perdamos: y estando dichosamente asentados sobre sus inconmovibles fundamentos, no cambiemos de disposición y de sentimiento con todos los que nos encontremos.

Lo que practicamos sobre todas las demás virtudes, debemos practicarlo también sobre la amistad que, como ya hemos dicho, es la mayor de todas las virtudes; porque la amistad no es otra cosa que la humanidad que se despliega en general sobre todos los hombres y en particular sobre las gentes de bien; así es por lo que el nombre de humanidad, es decir, amar a los hombres, le conviene particularmente.

Basta esto sobre el presente artículo; pasemos ahora a los otros.

9

SABE QUE TODAS ESTAS COSAS SON ASÍ; LUEGO

ACOSTÚMBRATE A SOBREPONER Y VENCER ESTAS PASIONES:

10

EN PRIMER LUGAR, LA GULA, LA PEREZA, LA LUJURIA Y LA CÓLERA

He ahí las pasiones que es menester reprimir y reducir para que no perturben y trastornen la razón. Ánimo, pues: refrenemos la locura enteramente por buenas instrucciones, ya que sus diferentes partes se prestan recíprocamente armas para cometer el pecado de huida y por grados; por ejemplo, un exceso en la comida provoca un largo sueño, y ambas cosas juntas producen una fuerza y energía que llevan inmoderadamente al amor, e irritando la parte concupiscible del alma, la hacen intemperante. La parte irascible viene enseguida a unirse a esa parte concupiscible; no teniendo ningún peligro, ningún combate le espanta, y lo afronta todo para servir a todas las codicias, lo mismo del estómago que de la carne y demás voluptuosidades. Acostúmbrate a refrenar tus pasiones, comenzando por la gula, a fin de que las partes menos razonables del alma se acostumbren a obedecer a la razón y que puedas observar inviolablemente la piedad con los dioses, el respeto hacia tus padres y cuantos preceptos se te acaban de dar. La observancia de esos primeros preceptos depende de éstos, y uno los violará infaliblemente si no están sometidas las pasiones y no obedecen a la razón; pues de un lado, o la cólera nos excitará contra nuestros padres, o la concupiscencia nos armará contra sus órdenes; y de otro lado, o la cólera nos precipitará en la blasfemia, o el deseo de riquezas en el perjurio. En una palabra, todos los males los causan esas pasiones, cuando la razón no las fuerza y somete al deber. He ahí la fuente de todas las impiedades, de todas las guerras que dividen a las familias, de las traiciones de los amigos, y de todos los crímenes que se cometen contra las leyes. De suerte que los malvados han de exclamar por fuerza como Medea:

Unos:

«Me han degradado mis crímenes porque, débil, mi razón cedió a la cólera insana».

Otros:

«*Conozco todos los males que va a cometer mi mano; pero mi razón se rinde al afán que me hace esclavo*».

O también:

«*Son muy buenos tus consejos, pero no puedo seguirlos, porque está cautiva mi alma por estos lazos malditos*».

Porque todo el que es capaz de razón, estando bien dispuesto para sentir lo que es bueno y honrado, se despierta presto para obedecer los preceptos de la razón, cuando sus pasiones, como masas de plomo, no le arrastran al abismo del vicio.

Es preciso, pues, que sepamos y conozcamos nuestros deberes y que nos acostumbremos tanto como podamos a que nuestras facultades animales obedezcan a la razón que en nosotros reside, pues sometiendo así a las pasiones, la razón se hallará en estado de observar inviolablemente los primeros preceptos, de los cuales se nos dice por eso: «Sabe que todas las cosas son así». Y para los preceptos siguientes nos dice: «Luego acostúmbrate a vencer y dominar estas pasiones»: para indicarnos que la parte racional se rige por la instrucción y la ciencia, y que la parte animal por el hábito y las *informaciones*, si así puede decirse que se hacen de un modo corporal. Y así es cómo los hombres reducen y domestican a las bestias por medio del hábito nada más. El apetito acostumbrado a contentarse en una medida suficiente y justa, modera a las demás pasiones del cuerpo, y la cólera es menos fuerte y arrebatada, de suerte que estando menos agitados por las pasiones podemos meditar con tranquilidad lo que estamos obligados a hacer; y de ahí el que aprendamos a conocernos, a saber lo que somos en verdad y a respetarnos en cuanto nos conocemos. Y de ese conocimiento y de ese respeto, que es la consecuencia infalible, se deducen las acciones buenas y el escapar de las vergonzosas, es decir, de las malas, que se llaman vergonzosas, porque son indecentes e indignas de cometerse por una substancia racional, y es de lo que ahora se va a hablar.

11

NO COMETAS JAMÁS NINGUNA ACCIÓN VERGONZOSA, NI CON LOS DEMÁS,

12

NI CONTIGO EN PARTICULAR; Y SOBRE TODO RESPÉTATE A TI MISMO

Ocurre con frecuencia, o que hacemos particularmente acciones vergonzosas porque las creemos indiferentes, lo que no haríamos jamás delante de nadie por el respeto que nos inspira un testigo; o al contrario, que hacemos con los demás lo que jamás hubiéramos hecho a solas y particularmente creyendo que el número y la complicidad amenguan la maldad de la acción. He ahí por qué el poeta cierra aquí esos dos caminos que nos pueden conducir a lo que es vergonzoso y malo, pues todo lo que es vergonzoso debe evitarse en verdad, y ninguna circunstancia puede hacerlo digno de proseguirse. He ahí por qué añade: *ni con los demás ni contigo en particular*; a fin de que ni la soledad te lleve a lo que es indecente, ni la sociedad y número de cómplices justifiquen jamás el crimen. Luego añade la causa que únicamente evita cometer el mal: *sobre todo respétate a ti mismo*; porque si te acostumbras a respetarte, tendrás siempre contigo un guarda fiel que respetarás, que jamás se alejará de ti y que te vigilará; pues, frecuentemente acontece, que muchas gentes, así que sus amigos y criados se han marchado, hacen lo que hubieran tenido vergüenza de hacer delante de ellos. ¡Qué! ¿Tienen por ventura algún testigo? No hablo aquí de Dios; porque Dios está muy lejos del pensamiento del hombre malo, de los perversos. Pero ¿no tienen por testigo a su alma, es decir, a sí mismos? ¿No tendrán el juicio de su conciencia? Lo tendrán sin duda; pero sojuzgados y esclavizados por sus pasiones, ignoran que lo tengan; y aquellos que están en ese estado desprecian a su razón y la tratan peor que al más vil de los esclavos. Establécete tú mismo tu propio guarda, y abriendo siempre los ojos del entendimiento, sujeto a ese guarda fiel comienza a alejarte del vicio. El respeto que tengas para ti te hará necesariamente alejarte y huir de todo lo que es vergonzoso e indigno de cometerse por una substancia racional. Y aquel que encuentra indignos de él todos los vicios, se familiariza insensiblemente con la virtud.

Es por lo que el poeta añade:

13

LUEGO OBSERVA LA JUSTICIA EN TUS ACTOS Y EN TUS PALABRAS,

14

Y NO TE ACOSTUMBRES A HACER LA MENOR COSA SIN REGLA NI RAZÓN;

15

HAZ SIEMPRE ESTA REFLEXIÓN: QUE POR EL DESTINO ESTÁ ORDENADO A TODOS LOS HOMBRES EL MORIR,

16

Y QUE LOS BIENES DE LA FORTUNA SON INCIERTOS, Y ASÍ COMO SE LES ADQUIERE SE LES PUEDE PERDER.

El que se respeta a sí mismo, haciéndose su guarda, impídese caer en algún vicio, pues hay muchas clases de vicios. El vicio de la parte racional, es la locura; el de la parte irascible, es la cobardía; y los de la parte concupiscible son la intemperancia y la avaricia; y el vicio que se extiende sobre todas esas facultades es la injusticia. Para evitar, pues, esos vicios, tenemos necesidad de cuatro virtudes; de la prudencia, para la parte racional; del valor, para la parte irascible; de la templanza, para la parte concupiscible; y para todas esas facultades en conjunto, tenemos necesidad de la justicia, que es la más perfecta de todas las virtudes, que reina en las unas y en las otras y las contiene a todas como partes propias. He ahí por qué este verso nombra primero a la justicia, luego a la prudencia, y después de la prudencia pone los más excelentes efectos que nacen de esta virtud, y que contribuyen a la perfección y a la integridad, o a la totalidad de la justicia; pues todo hombre que razona bien y que se sirve de su prudencia, tiene por consecuencia en las cosas laudables el valor, en las que engañan los sentidos, la templanza, y en las unas y en las otras la justicia y así la prudencia se encuentra al principio de las virtudes, y la justicia en su fin, y en medio se hallan el valor y la templanza; porque la facultad que lo examina todo por el razonamiento, y que busca siempre el bien de cada uno en todas las acciones, a fin de que todas las cosas se hagan con razón y con orden, es el hábito de la prudencia, es decir, la más excelente disposición de nuestra esencia racional, por la cual todas las demás facultades están en buen estado, de modo que la cólera es valiente y la codicia temperante; y que la justicia corrigiendo todos nuestros vicios y animando todas nuestras virtudes, orna nuestro nombre mortal con la abundancia excesiva de la virtud del hombre inmortal; pues originariamente, del espíritu divino irradian las virtudes sobre el alma racional, y ellas son las que constituyen su forma, su perfección y toda su felicidad. Y del alma, esas virtudes revierten sobre este ser insensato, quiero decir, sobre el cuerpo mortal, por una secreta comunicación, a fin de que todo lo que está unido a la esencia racional se llene de belleza, decencia y orden. Así que el primero y guía de todos los beneficios divinos, la prudencia, está sólidamente afirmada en el alma racional, se toma el buen partido en todas las ocasiones, se soporta valerosamente la muerte, y se sufre con paciencia y con dulzura la pérdida de los bienes de la fortuna; porque únicamente la prudencia puede sostener con sabiduría y con intrepidez los cambios de esta naturaleza mortal y de la fortuna que huye. En efecto, ella es la que conoce por la razón la naturaleza de las cosas, sabe que es una necesidad indispensable que lo que está compuesto de tierra y agua se resuelva en los mismos elementos que lo componen; no se irrita contra la necesidad, y de que el cuerpo mortal muera no concluye que no haya providencia, porque está ordenado por el destino que mueran todos los hombres, que hay un tiempo prefijado para la duración de este cuerpo mortal, y que llegado el último instante no hay que enojarse, sino recibirlo y someterse voluntariamente como a la ley divina, porque eso es lo que lleva propiamente la palabra *destino*; significa, que Dios mismo por sus decretos ha destinado, ha señalado necesariamente límites a nuestra vida mortal, de los que no puede pasar, y es propio de la prudencia seguir los decretos de Dios, tratando no de no morir, sino de morir bien. Parecidamente no ignora los bienes de la fortuna, sabe que, llegan hoy y que se marchan mañana, según ciertas causas destinadas y señaladas, a las que no se debe resistir, porque no somos dueños de retener y conservar lo que no está en nuestro poder. Así ciertamente, ni el cuerpo, ni los bienes, en una palabra, todo lo que está separado de nuestra esencia racional, está en nuestro poder, y como no depende de nosotros su adquisición, no depende tampoco el retenerlos cuanto queramos. Recibirlos cuando vienen y devolverlos cuando se van; recibirlos y retenerlos siempre con virtud: he ahí lo que depende de nosotros, he ahí lo propio de nuestra esencia racional, si no se acostumbra a comportarse sin regla y sin razón sobre todos los accidentes de la vida, sino que se habitúa a seguir las reglas divinas que han definido y determinado todo lo que podemos guardar; es en eso sobre todo lo que depende de nosotros, y en lo que está en nuestro poder donde hay una fuerza extrema, y así podemos juzgar muchas cosas que no dependen de nosotros y nos arrancan la virtud de la libertad por el afecto a cosas perecederas.

¿Qué dice el juicio prudente y sabio? Dice que es menester usar bien del cuerpo y de las riquezas mientras los poseemos, haciéndolos servir para la virtud: y cuando estamos a punto de perderlos hay que conocer la necesidad de añadir a todas nuestras virtudes las de la tranquilidad y la indiferencia, pues el solo medio de conservar la piedad hacia los dioses, y la justa medida de la justicia, es acostumbrar a la razón a usar bien de todos los accidentes y a oponer las reglas de la prudencia a todas las cosas que parece nos llegan sin orden y al azar, porque jamás conservaremos la virtud si nuestra alma no tiene opiniones sanas. Jamás el que está acostumbrado a comportarse sin regla y sin razón en todo lo que hace, seguirá a los seres mejores que nosotros, como mejores que nosotros, sino que los mirará como tiranos que le fuerzan y le molestan; jamás atenderá a los que con él viven, ni hará buen uso de su cuerpo y de sus riquezas. Ved a los que huyen de la muerte o que poseen el deseo de conservar sus riquezas, ved en qué injusticias y en qué blasfemias se precipitan necesariamente, levantado contra Dios el estandarte de la impiedad, negando su providencia cuando ven derribarse las cosas que locamente persiguen. Vedlos haciendo toda suerte de injusticias a su prójimo, sin reparo alguno para conseguir su bien y alcanzar la mayor utilidad posible. Así las llagas que hacen en esos desgraciados las falsas opiniones, se manifiestan y se las ve germinar con todos los mayores males, en la injusticia hacia sus semejantes, y en la impiedad hacia los que están por encima de ellos, males de que está exento el que, obedeciendo a este precepto, espera valerosamente la muerte con un juicio depurado por la razón, y no cree que la pérdida de los bienes sea insoportable. De ahí nacen todos los movimientos y los motivos que le llevan a la virtud, porque de ahí aprende que es menester abstenerse del bien de otro, no hacer daño a nadie y no tratar nunca de aprovecharse de la pérdida y la desgracia de su prójimo. Pero esto es lo que no podrá observar nunca, el que se persuada que su alma es mortal y está acostumbrado a comportarse sin regla ni razón, no discerniendo lo que hay en nosotros de mortal, y tiene necesidad de riquezas, y lo que es susceptible de virtud y que la virtud ayuda y fortifica. Únicamente este justo discernimiento puede llevarnos, sin embargo, a la práctica de la virtud y a ejercitarnos en la adquisición de lo bueno y honesto; adquisición a la que nos lleva un movimiento completamente divino que nace de estos dos preceptos: *Conócete a ti mismo* y *Respétate a ti mismo*. Porque es por nuestra propia dignidad por la que es menester medir todos nuestros deberes, nuestras acciones y nuestras palabras. Y la observancia de nuestros deberes no es otra cosa que la observancia exacta e inviolable de la justicia. He ahí por qué la justicia se ha puesto aquí a la cabeza de todas las virtudes, a fin de que sea la medida y la regla de nuestros deberes. Observa la justicia, dice, en las acciones y en las palabras. No blasfemarás jamás ni por la pérdida de tus bienes, ni por los dolores más agudos de tus enfermedades, a fin de que no hieras a la justicia con tus palabras; y no desearás nunca el bien de tu prójimo, ni maquinarás jamás la pérdida y la desgracia de ningún hombre a fin de que no hieras a la justicia con tus acciones; porque mientras la justicia esté como una guarnición en nuestra alma, para guardarla y defenderla, llenaremos siempre nuestros deberes con los dioses, con los hombres y con nosotros mismos. Así, la mejor regla y la mejor medida de la justicia es la prudencia; es por lo que después del precepto, observa la justicia, añade: no te acostumbres a comportarte en nada sin razón, porque la justicia no puede subsistir sin la prudencia. En efecto, nada hay verdaderamente justo sino lo que la perfecta prudencia ha limitado. Ella no se comporta en nada sin razón, sino que examina y considera con cuidado lo que es el cuerpo mortal y lo que necesita; lo que es necesario para su uso, y finalmente ella es la que encuentra todo lo que es vil y despreciable, en comparación con la virtud, que hace consistir su utilidad en la mejor disposición del alma. Disposición que da a todas las cosas el ornato y el precio que ellos pueden recibir.

Véase cuál es el fin de estos versos; es hacer nacer en el alma de los que los leen, esas cuatro virtudes prácticas, con la exacta y vigilante observancia en las acciones y en las palabras; pues uno de esos versos inspira la prudencia, otro la fortaleza, aquel otro la templanza, y el que los precede a todos exhorta a observar la justicia que se extiende en común sobre todas las demás virtudes. Y este verso, *que los bienes de la fortuna son inciertos, y como vienen se les puede perder,* se añade aquí para dar a entender que el hábito de la templanza va ordinariamente acompañado de la liberalidad, virtud que regula el debe y haber en los bienes de la fortuna, porque el recibirlos y gastarlos cuando la razón lo quiere y ordena, corta de raíz la cicatería y la prodigalidad, y todas esas virtudes vienen de ese principio como de una primera fuente. Con esto quiero decir que el precepto respétate a ti mismo está contenido en el de conócete a ti mismo, que debe preceder a todas nuestras buenas acciones y a todos nuestros conocimientos. En efecto, ¿de dónde sabríamos que debemos moderar nuestras pasiones, y conocer la naturaleza de las cosas? pues se duda sobre este punto, primero si es posible al hombre, y después si es útil. Parece, por lo contrario, que el hombre de bien es mucho más desgraciado en esta vida que el malvado, en la que no toma injustamente de donde no debe tomar, y en la que gasta justamente lo que debe gastar. Y por lo que respecta al cuerpo, está más expuesto a los malos tratos, porque no trata de dominar, ni hace la corte a los que dominan; de manera que si no hay en nosotros una substancia que saque toda su utilidad de la virtud, es inútil que menospreciemos las riquezas y las dignidades. He ahí por qué los que están persuadidos de que el alma es mortal, enseñando que no debe abandonarse la virtud, son más bien vanos discurseadores que verdaderos filósofos; porque si después de nuestra muerte no queda nada de nosotros, nada que por su naturaleza saque todo su ornamento de la verdad y de la virtud, tal como decimos del alma racional, jamás tendremos deseos puros de cosas bellas y buenas, porque la sola sospecha de que el alma es mortal, amortiguará y ahogará todo arresto hacia la virtud y llevará al goce de las voluptuosidades corporales, cualesquiera que sean y estén donde estén. En efecto: ¿cómo esas gentes pueden pretender que un hombre prudente, y que hace algún uso de su razón, debe abandonar su cuerpo para el que el alma misma subsiste, ya que no existe por sí misma, sino que es un accidente de él, o tal conformación del cuerpo? ¿Cómo es posible que abandonemos el cuerpo por amor a la virtud, cuando estamos persuadidos de que vamos a perder el alma con el cuerpo, y de que esta virtud, por la que vamos a sufrir la muerte, no se encuentra en ningún lado, ni existe? Pero esta materia ha sido ya ampliamente tratada por hombres divinos que han demostrado incuestionablemente que el alma es inmortal y que *la virtud constituye su único ornamento.*[75] Después de haber sellado con el sello de la verdad esta opinión de la inmortalidad del alma, pasemos a lo que sigue, añadiendo a lo que ya hemos establecido, que como la ignorancia de nuestra esencia entraña necesariamente tras ella todos los vicios, el conocimiento de nosotros mismos y el menosprecio de todo lo que es indigno de una naturaleza racional, produce en todo y por todo la observación segura y razonada de nuestros deberes, y es en eso en lo que consiste la justa medida de todas las virtudes en particular, porque mientras miramos y consideramos nuestra esencia como nuestra sola regla, encontramos en todas las cosas lo que es de nuestro deber, y lo cumplimos según la recta razón forme a nuestra esencia. Todo lo que mejora el alma, y la lleva a la conveniente felicidad de su naturaleza, es verdaderamente *la virtud* y la ley de la filosofía; y todo lo que no tiende más que a un cierto bienestar humano, todo eso, las sombras de virtud, que buscan el elogio de los hombres, artificios de un esclavo que se contradice y que pone todo su ingenio en parecer virtuoso, más que en serlo de verdad. He ahí bastante sobre este artículo.

Del uso que hagamos de nuestra razón, se seguirá necesariamente que no nos comportemos con ligereza sobre todos los accidentes de esta vida que nos parecen ocurren sin ningún orden; sino que los justifiquemos generosamente separando con exactitud sus causas, y que las soportemos con valor sin quejarnos de los seres que cuidan de nosotros, y que distribuyen a cada uno según su mérito lo que le corresponde, no dando la misma dignidad y el mismo rango a los que no han demostrado la misma virtud en su primera vida. ¿Cómo habiendo una providencia, y siendo incorruptible nuestra alma por su esencia y pudiendo ir a la virtud o al vicio por su propia elección y movimiento, cómo, repito, podrían los guardianes de la misma ley que quieren que cada uno sea tratado según su mérito, tratar del mismo modo a los que no son iguales, y distribuir a cada cual la fortuna que se dice escoge por sí mismo cada hombre según la suerte que le ha tocado? Si no es una fábula, pues, que hay una providencia que distribuye a cada uno lo que le toca, y que nuestra alma sea inmortal, es evidente que en vez de acusar de nuestras desgracias a aquel que nos gobierna, debemos acusarnos a nosotros mismos; y es de allí de donde sacamos la virtud y la fuerza para curar y corregir todas esas desgracias, como los versos siguientes han de decirnos. Porque encontrando en nosotros mismos las causas de tan gran desigualdad, en primer lugar disminuiremos por la rectitud de nuestros juicios, la amargura de todos los accidentes de la vida, y después, por los santos métodos y las buenas reflexiones, como a fuerza de remos, remontaremos nuestra alma hacia lo que es mejor, libertándonos por completo de todo lo que sufrimos más molesto y sensible.

Porque sufrir sin conocer la causa de lo que se sufre y sin conjeturar, al menos, lo que verosímilmente nos puede poner en tal estado, es cosa de un hombre habituado a comportarse sin razón ni reflexión en todas las cosas; lo que nos prohíbe expresamente este precepto, porque es imposible que el que no busca la verdadera causa de sus males no acuse de ellas a los dioses, sosteniendo, o que no los hay, o que no tienen el cuidado que deben tener. Y esos sentimientos impíos no aumentan solamente los males que vienen de la primera vida, sino que además excitan al alma a cometer toda clase de crímenes y la privan del culto de su libre arbitrio, manteniéndola en el olvido de las causas de lo que sufre aquí abajo. Pero para saber cómo ha de filosofarse y se ha de razonar sobre esas cosas, veamos los versos siguientes:

17

EN TODOS LOS DOLORES QUE LOS HOMBRES SUFREN POR LA DIVINA FORTUNA,

18

SOPORTA DULCEMENTE SU SUERTE TAL COMO ES, Y NO TE ENOJES POR ELLO.

19

TRATA, SIN EMBARGO, DE REMEDIARLA EN CUANTO PUEDAS,

20

Y PIENSA QUE EL DESTINO NO ENVÍA. LA MAYOR PARTE DE ESOS MALES A LAS GENTES DE BIEN.

Antes de entrar en la explicación de estos versos, hay que advertir que aquí el poeta llama *dolores* a todo lo que hay de enojoso, de molesto, a lo que hace más difícil y espinoso el camino de esta vida, como las enfermedades, la pobreza, la pérdida de los amigos y de las personas queridas y el menosprecio de la patria, porque todas esas cosas son enojosas y difíciles de soportar: no son, sin embargo, verdaderos males, y no dañan al alma, a menos que cegada se deje precipitar por ellos en el vicio, lo que le ocurrirá del mismo modo con los que le parezcan bienes, si rehúsa hacer de ellos un buen uso, como la salud, las riquezas y las dignidades, pues uno puede corromperse por aquéllos como santificarse por sus contrarios. Pero los verdaderos males son los pecados que uno comete voluntariamente, por su propia elección, y con los cuales no puede jamás hallarse la virtud, como la injusticia, la intemperancia y todas las demás cosas que no pueden en modo alguno unirse y aliarse con lo bueno, porque no es posible que ante esos vicios se exclame: *¡Qué hermoso es eso!* Tampoco se dirá, por ejemplo: *¡Qué hermoso es ser injusto! ¡Qué bueno ser intemperante!* como decimos todos los días de los males exteriores *¡Qué bueno es estar malo de este modo! ¡Es hermoso ser pobre como Fulano!*, cuando uno soporta esos accidentes con ánimo y según la recta razón. Pero a los vicios del alma jamás puede convenir una exclamación semejante, porque están aparte y alejados de la recta razón, que, aunque naturalmente agravada en el alma, no la percibe el hombre cegado por su pasión.

Así, una prueba segura de que la recta razón está naturalmente en el hombre, es que el injusto, donde no está interesado, juzga con justicia, y el intemperante con templanza; en una palabra, que el malo tiene buenos momentos en todas las cosas que no le atañen y donde la pasión no le domina. He aquí por qué todo vicioso puede enmendarse y ser virtuoso si condena y proscribe sus primeros vicios; y para eso no es de ningún modo necesario que exista una pretendida razón extravagante, a fin de que sea el principio de los vicios, como la recta razón lo es de las virtudes. Porque esta recta razón basta para todo, como la ley basta en una ciudad para definir lo que está hecho según sus órdenes o en centros de ellos, y para aprobar lo uno y condenar lo otro; y no hay necesidad de un principio del mal, ya se le haga venir de dentro o de fuera. No hace falta más que el principio del bien, que por su esencia está separado de las substancias racionales, y que es Dios; pero que se encuentra también en ellas y las gobierna según su esencia por su virtud, y que es la recta razón. Y he ahí cuál es la diferencia que el poeta pone entre los males. Al hablar de los males voluntarios no dice que estén distribuidos por la *divina fortuna*; pero dice de los males exteriores y condicionales, que en esta vida no dependen de nosotros, y que son las consecuencias de los pecados que hemos cometido en otro tiempo; males dolorosos, en verdad, como ya hemos dicho; pero que pueden recibir de manos de la virtud el ornamento y el brillo. Porque una vida pacífica y reglada da lustre a la pobreza; la prudencia redime de la bajeza del origen, y la pérdida de los hijos se alivia por una justa sumisión que hace decir: *He perdido a mi hijo, es decir, lo he devuelto o ya sabía que lo había engendrado mortal.*[76] Igualmente, todos los demás males, ilustrados por la presencia de la virtud, se hacen brillantes y dignos de envidia. Busquemos ahora lo que es en estos versos la *divina fortuna*, por la que los hombres caen en los males exteriores. Pero si Dios da previamente y por sí mismo a uno las riquezas y la pobreza a otro, habrá que llamar a eso la voluntad divina y no fortuna, y si nada preside a esa distribución, puesto que esos males llegan a la ventura y al azar, y uno es feliz, como se dice, y otro desgraciado, es menester llamar a eso *fortuna* sencillamente y no *fortuna divina*.

Ahora, si Dios, que tiene cuidado de nosotros, distribuye a cada uno lo que merece y no es la causa de que seamos desgraciados, sino sólo el dueño de dar a cada uno según sus obras, según las leyes sagradas de la justicia, con razón, entonces, el poeta ha llamado *divina fortuna* a la manifestación de sus juicios. En lo que el que juzga tiene de divino y está lleno de inteligencia, desde luego el poeta lleno de Dios que despliega ese juicio, ha puesto el epíteto de divina primeramente, y por aquellos a quien Dios juzga, ya se corrompan por su propia voluntad o elección, haciéndose dignos de castigo, ha añadido al epíteto el sustantivo fortuna, porque no ocurre que Dios castigue o recompense previamente a los hombres, sino que los trata según son, así que se han hecho tales, y han sido ellos mismos causa de aquello. Esta mezcla, pues, y esta alianza de nuestra voluntad y de su juicio, es lo que produce lo que él llama *fortuna*, de suerte que *divina fortuna*[77] no es otra cosa que el juicio de Dios dado contra los pecadores. Y de esta manera la unión ingeniosa y artificial de esas dos palabras reúne el cuidado de Dios que preside, y la libertad y el puro movimiento del alma que escoge; y hace ver que esos males no llegan ni absolutamente por el destino y las órdenes de la providencia, ni a la ventura y al azar, y que no es sólo nuestra voluntad la que dispone del total de nuestra vida, sino que todos los pecados que cometemos en lo que depende de nosotros se atribuyen a nuestra voluntad; y todos los castigos que siguen a esos pecados según las leyes de la justicia, se refieren al destino; y que los bienes que Dios da previamente y sin que los merezcamos se refieren a la providencia. Porque nada de cuanto existe atribuye su causa al azar. Esta palabra, azar, no puede nunca convenir ni ajustarse con las primeras causas de ninguna de las cosas que ocurren, a menos que no ocurran por accidente y por encuentro, y la unión de la providencia o del destino y de la voluntad que ha precedido. Por ejemplo, un juez quiere castigar a un asesino y no quiere castigar a un hombre determinado, sin embargo castiga al que no quería castigar en cuanto ese desgraciado se coloca voluntariamente en el rango de los asesinos. La sentencia dada por ese juez contra el asesino es una sentencia antecedente y previa, y si se ha dado contra ese hombre es por accidente, porque se ha hecho asesino voluntariamente. Y al contrario, ese malvado quiere cometer ese asesinato, pero no quiere ser castigado por ello. Esa disposición de asesinar es antecedente en él como dependiente de su voluntad, y es por accidente por lo que sufre las torturas y los suplicios que merece ese crimen. Y la causa de todas esas cosas es la ley que ha dado al juez la voluntad de castigar a los malvados, y que hace caer la sentencia de muerte sobre la cabeza del que ha cometido el asesinato. Piensa lo mismo de la esencia divina. La voluntad del hombre quiere cometer el mal, y la voluntad de los jueces, conservadores de las leyes, quiere a toda costa castigarlo, y reprimirlo. El encuentro de esas dos voluntades produce la *divina fortuna* por la cual aquel que es culpable de tales o cuales crímenes es digno de tales o cuales castigos. La elección del mal no debe imputarse más que a la voluntad sola de aquel a quien se juzga, y la pena que sigue a la calidad del crimen no es sino el fruto de la ciencia de los jueces que velan y mantienen las leyes y la justicia; y lo que concilia y dispone el encuentro de esas dos cosas, es la ley que quiere que todo sea bueno en cuanto sea posible y que no haya nada malo. Esta ley preexistente en la bondad infinita de Dios, no quiere que los malvados queden impunes por miedo a que el mal se arraigue llevando a los hombres no a una completa insensibilidad para el bien, sino a un completo olvido del mismo, pues la sola justicia de los que velan por las leyes nos refresca necesariamente la memoria y conserva este sentimiento. La ley, pues, une y reúne a los dos: a los que deben juzgar y a los que han de ser juzgados, para sacar de unos y otros el bien que les es propio. Porque es más ventajoso y mas útil ser castigado que no serlo, y si la justicia sólo tiende a reprimir el desbordamiento de los vicios, es evidente que es para ayudar y para ser ayudada por la ley que une esos dos géneros al autorizar a aquél que juzgue como conservador de ella, y entregando como violador de la misma al que comete los crímenes, para que sea juzgado según su mérito, a fin de que por las penas y los suplicios tenga que pensar en la ley y la recuerde. Porque aquel a quien los hombres maldicen y del que reniegan en el mal que hacen, lo confiesan y lo invocan en el mal que sufren. Por ejemplo, el que hace una injusticia quiere que no haya Dios, para no ver pendiente constantemente sobre sí el castigo como la roca de Tántalo.[78] Y el que sufre una injusticia quiere que sí, para tener el necesario socorro contra los males que se le han inferido. He ahí por qué los injustos que hacen sufrir a los demás, deben a su vez ser reducidos a sufrir también, a fin de que lo que no han podido ver al cometer la injusticia o embriagándose del deseo de riquezas, lo vean y aprendan al sufrir por sí mismos, instruidos y corregidos por el dolor que causan las pérdidas, si se les aplica ese castigo. Y si por una obstinación de su voluntad en el mal se hiciesen peores, puede que el castigo fuera inútil para ellos, pero serían un ejemplo instruidísimo para los sabios y para los que pueden conocer y sentir las causas de todos esos males. Las principales causas de ese juicio son la bondad de Dios y la ley que ha grabado él mismo en nosotros, es decir, la recta razón, que es como un Dios que habita en nosotros, que todos los días fuera ofendido y maltratado por nuestros crímenes; y el fin de ese juicio son todos los dolores, como dice el poeta, que hacen más molesta y laboriosa nuestra vida, ya por las penas corporales, ya por las aflicciones exteriores. Suplicios que estos versos nos ordenan soportar con dulzura, poniendo ante nuestros ojos sus causas, cercenando lo que parece tienen de nocivos y tratando de volverlos en utilidad nuestra. Sobre todo estos versos nos exhortan a hacernos dignos de los bienes divinos por la sublimidad de la virtud, y si hay gentes que no son capaces de sentir ese deseo, que al menos por la mediocridad de la virtud aspiren a los bienes políticos: y así se nos ordena soportar con dulzura *los dolores* y que tratemos de curarlos.

Pero ¿qué otro medio de curación existe que los que ya se han indicado, que nos muestran el dolor razonable que nos deben causar nuestras penas y aflicciones y el método que hay que seguir para curarlas? El principal de todos es que Dios, como juez y legislador, ordena el bien y prohíbe el mal; por lo que de ningún modo él es la causa de los males; así, a los que abrazan el vicio por un movimiento libre y voluntario y olvidan la recta razón que en ellos reside, los castiga como malos, según la ley que condena el mal, y los castiga como hombres, por el encuentro fortuito de la ley con su voluntad corrompida, encuentro que llamamos fortuna, como hemos explicado ya, porque la ley no castiga sencillamente al hombre como hombre, sino como malo, porque se hace tal siendo su propia voluntad la primera causa. Así, pues, el que se hace pecador, por sí mismo y no por Dios, recibe el castigo debido a sus crímenes, que procede de la ley divina, y no de nosotros, porque el único fin de la ley, que es digna de Dios y útil para nosotros, es destruir el vicio, purgar por todos los castigos de la justicia y reducir por ese medio al alma, que se precipita en el mal, a volver a la recta razón. Siendo la ley tal, y hablando siempre lo mismo, como cada uno hace diferentes obras, no recibe el mismo salario, porque eso no sería ni justo ni útil para nosotros. La diferencia de los juicios procede de la diferencia del estado del culpable, porque ¿cómo tratar lo mismo a un hombre que no es el mismo? Es menester, pues, *soportar dulcemente la divina fortuna*, y no hay que enojarse por ser castigado y purgado en cuanto depende del juicio divino, por los dolores y penas que parecen trastornar la dulzura y tranquilidad de esta vida. Esta reflexión y este sentimiento traen la curación de los pecados ya cometidos y producen la vuelta a la recta razón que está en nosotros. En efecto, el que se convenza de que los males son el fruto del pecado, ¿no huirá de la causa que le lleva hacia él? Y si debemos enojarnos en nuestras aflicciones, es contra nosotros mismos, más que contra Dios, que no trabaja sino por arrancarnos de los vicios por todos los instrumentos de la justicia que pueden enseñarnos y recordarnos qué gran bien es no apartarnos de las leyes divinas y no corromperse ni extraviarse por la propia voluntad; porque las aflicciones no se han distribuido a los hombres a la ventura y al azar, sino que hay un Dios y hay leyes fijas que nos dirigen y reglan a cada uno según lo que se merece.

He aquí porqué es muy razonable, como aquí se dice, que *el destino no envíe la mayor parte de las desgracias a los hombres de bien*; porque, en primer lugar, las gentes de bien soportan dulcemente esos males por su completa aquiescencia al juicio de Dios, y porque en ellos la visión de la virtud que por ello adquieren les aminora todas las amarguras de la vida. Tienen también la firme esperanza de que esos males no trastornarán más su vida, puesto que es cierto que los bienes divinos se reservan para los perfectos, que han alcanzado la sublimidad de la virtud, y que los bienes humanos son para los que han adquirido el hábito medio, es decir, la virtud en la mediocridad.

Desde luego ellos curarán esos males tanto como puedan, soportándolos dulcemente, aprendiendo en esa paciencia el método seguro para aliviarlos. Porque ¿cómo se podrá servir uno de las santas súplicas y de los santos sacrificios de una manera digna de Dios, cuando se está persuadido que ni la providencia ni la justicia intervienen en los negocios humanos; cuando uno se atreve a negar que sea inmortal nuestra alma y que recibe su parte en esos males exteriores según lo que se merece por los movimientos de su voluntad? El que no refiere a esas causas la suerte de esta vida presente, ¿de dónde sacará los medios para soportarlos dulcemente, y el arte de corregirlos y curarlos? No sabe uno decirlo; porque no sacará jamás de aquí la aquiescencia a esos males, como a las cosas indiferentes y con frecuencia hasta mejores que sus contrarias, puesto que siendo dolorosas y molestas le parecerán siempre por sí mismas dignas de toda su aversión; porque nuestra naturaleza no abraza esa clase de cosas como elegibles y deseables por sí mismas, a menos que soportándolas espere conseguir algún bien. En semejante estado, ¿qué es lo que ocurre? Ocurre que se enoja uno, que se revuelve contra su suerte, que uno aumenta sus males por la ignorancia en que se halla respecto de su propia naturaleza, y que no es por eso menos punible. Y el exceso del vicio viene de esa opinión de que el mundo no está gobernado por la providencia o de que está mal gobernado, es decir, de que no hay Dios, o de que no se cuida de este mundo, lo que es desdichadísimo e injusto. Opinión que contiene todas las injusticias y que precipita en toda suerte de crímenes a los que la siguen; porque como la piedad es la madre de todas las virtudes, la impiedad lo es de todos los vicios. Sólo encontrará, pues, remedio a todos sus males aquel que aprenda a soportarlos con paciencia y con dulzura; y eso no puede conseguirse sino únicamente por la filosofía que enseña exactamente cuál es la naturaleza de todos los seres, y cuáles son las operaciones conformes a su naturaleza. Operaciones cuyo encadenamiento y relación producen el gobierno de este universo, por el que la *divina fortuna* se distribuye a cada uno; y la parte que a cada cual le toca según su mérito, es lo que se llama aquí, *suerte* o *destino*, que depende de la providencia de Dios, del orden y disposición del universo y de la voluntad del hombre. Porque si no hubiera providencia, no habría tampoco orden en el mundo, y es ese orden lo que se puede llamar el destino, y no habiendo ni providencia ni orden no habría ni juicio ni justicia, ni tampoco recompensas ni honores para los hombres de bien. Pero habiendo providencia y orden, es menester que los hombres nazcan en este mundo teniendo todos los mismos bienes, si no contribuyen por su parte a la desigualdad. Pero se ve manifiestamente que no están igualmente distribuidos, y por consecuencia es visible que la desigualdad de sus voluntades, estando sometida al juicio de la providencia, no sufre que tengan todos la misma porción, la misma suerte, puesto que necesariamente esa suerte debe ser proporcionada a su mérito.

Así también, si vemos imperar la misma desigualdad entre los animales y las plantas y hasta en las cosas inanimadas, como en los hombres, no nos importe; porque como de qué el azar domine sobre todas esas cosas tan inferiores al hombre no se debe sacar la consecuencia de que la providencia no vela sobre nosotros, no es menester tampoco que de que todo lo que se nos refiere esté reglado y dispuesto, concluir que la justicia y el juicio que Dios despliega sobre todas esas cosas inferiores, es también en ellas una señal y una consecuencia de su vicio o su virtud. Porque, en primer lugar, las cosas puramente inanimadas, son como la primera materia, materia común, a los animales y a las plantas, y además las plantas sirven de alimento a los hombres y a los animales, y una parte de los animales está destinada a nutrir a los mismos animales y al hombre; evidentemente que eso no se hace atendiendo a lo que unos y otros han merecido, sino a lo que buscan para satisfacer su hambre o remediar sus males, en una palabra, para satisfacer sus necesidades; de suerte que la fuente de la desdicha para los animales son nuestras necesidades, y por lo contrario la causa de lo que se llama su felicidad es el afecto por el que dejamos a veces de proveernos de ellos.

Y si, llevando más lejos las objeciones, se nos dice que hay por encima de nosotros seres que se sirven de nosotros para apaciguar su hambre, así como nos servimos de los animales, habrá que confesar también al mismo tiempo que esos seres serán mortales y hacer ver que los cuerpos de los hombres están destinados a servirles de pasto; pero no hay por encima del hombre ningún ser mortal, ya que él es el último de los seres racionales, pues lo inmortal, viviendo por necesidad, es un cuerpo mortal, y tomando un instrumento que es de la misma naturaleza que los animales, vivirá sobre la tierra, no pudiendo por encima de nosotros servirse de nuestro cuerpo para satisfacer su hambre. La justicia y el orden limitan a los seres superiores a hacer por nosotros todo lo que pueda disminuir nuestros vicios en esta vida, llamándonos hacia sí, pues ellos cuidan de nosotros como de sus parientes cuando vamos a caer. De ahí que se diga con razón que el pudor, el castigo y la vergüenza que apartan del mal, aparten sólo a los hombres, porque el animal racional es el único que siente la justicia. Y puesto que hay una diferencia tan grande entre nosotros y los animales sin razón, debe haberla también entre nuestro modo de vivir y el suyo, porque la ley de la providencia es proporcional a la naturaleza de todas las cosas, y cada una tiene el honor de participar de ella en la proporción que le corresponde y que Dios le ha dado. Por lo que se refiere a las almas de los hombres, parece que es Dios el que las ha creado, como a los seres sin razón, ha dejado que los formase únicamente la naturaleza, y éste es el sentir de Platón y de Timeo el pitagórico, que estiman que ningún ser mortal es digno de salir de las manos del mismo Dios, así como las almas de los hombres han sido sacadas todas del mismo tonel que los dioses del mundo, los demonios y los genios; y esto, porque la providencia se extiende sobre todos los hombres, y sobre cada uno en particular. Su alejamiento de la verdadera patria, su inclinación hacia las cosas de acá abajo, su vida civilizada en esta tierra de destierro, y su vuelta al lugar de su origen, todo eso está reglado por la providencia, que no debe tener los mismos cuidados con los que sólo tienen una vida animal, porque el que no es más que un animal no ha descendido aquí para seguir a Dios, es incapaz de observar cultura sobre la tierra, no siendo una planta celeste, y no es de una naturaleza para llevarla a ningún astro que se le conforme. He ahí lo que basta por ahora contra los que se quejan y se enojan incesantemente de los accidentes que ocurren en esta vida, y niegan a la providencia todo su poder; pero es justo decir también, que el soportar dulcemente las cosas enojosas, no sólo se acuerda con la razón, sino que además de dulcificarlas para el presente, las cura por completo para el porvenir. Vosotros, desgraciados, que os enojáis y arrebatáis, ¿qué ganáis con vuestros arrebatos, sino es añadir a vuestros dolores el mayor y más grande de todos los males, la impiedad, agravándolos por ese pensamiento de que no los merecéis? El enfermo que se enoja de su estado no hace más que aumentar su dolencia; así es preciso no enojarse de tal distribución, bajo pretexto de que no es justo, por temor de que por esa revuelta llena de blasfemia no empeoremos nuestra condición.

Tomemos ahora la cosa por este otro lado. Si uno que ha recibido la pobreza por patrimonio la soporta con dulzura, además de que esa dulzura le hace inaccesible al disgusto y a la tristeza, encuentra por ese medio algún consuelo y algún alivio, porque de una parte su espíritu tranquilo, sin trastornarse ni confundirse por la aflicción, le ha hecho hallar los medios de ganarse honradamente la vida, y por otro lado, sus vecinos, admirados por su paciencia tan llena de razón y de sabiduría, contribuirán a aliviarle con todo lo que puedan. Pero el que se enoja y se irrita, como una débil mujer, añade por sí mismo la tristeza y el disgusto a su mal, e incesantemente pegado a su miseria y consagrado a deplorarla, se incapacita para procurarse trabajo y se pone fuera del auxilio de sus vecinos, a menos que por compasión alguno le dé algo como de limosna. Y aun entonces la misma clase del alivio no hace más que aumentar la tristeza y el disgusto del que se encuentra en tan extrema necesidad.

De todo lo que se acaba de decir, resulta que es menester soportar dulcemente los accidentes de la vida, y tanto como nuestras fuerzas lo consientan, tratar de curarlos, refiriendo su causa a nuestros malos pensamientos, persuadiéndonos de que hay ciertamente una providencia, y que no es posible que el que es hombre de bien quede descuidado, aunque lleve sobre su cuerpo las huellas de sus antiguos pecados que atrajeron sobre él la cólera divina, porque desde el momento en que adquiere la virtud disipa su dolor y su tristeza, y encuentra el remedio para todos sus males, sacando de sí mismo el socorro contra la tristeza y alivio de sus males. En efecto, como nuestros pecados y el juicio divino que los castiga atraen sobre nosotros todos esos azotes, es razonable también que nuestra virtud y la ley de la providencia, que libra de todos los males al que se aplica al bien, los retiren y los alejen.

He ahí cómo se pueden sacar de esos mismos versos los preceptos que contribuyen a formar en nosotros los elementos de la virtud, porque descubren las verdaderas razones de la providencia, del destino y de nuestro libre arbitrio, razones por las que hemos tratado de aliviar en este discurso el dolor que causa de ordinario la aparente desigualdad de todo lo que se ve en esta vida y demostrar que Dios no es el autor de los males.

Y si se añade lo que acabamos de decir a lo que ya hemos dicho, se sacará de todo este tratado una gran prueba de la eternidad y de la inmortalidad del alma; porque para practicar la justicia, para morir valerosamente, para ser desinteresado y de ningún modo deslumbrarse por el brillo de las riquezas, es necesario hallarse persuadido de que el alma no muere con el cuerpo. Y para soportar con dulzura la *divina fortuna* y poder conseguirla y curarla, parece necesario que el alma no haya nacido con el cuerpo. Y de esas dos cosas, de la eternidad del alma y de su inmortalidad, se saca esta demostración, que el alma es superior al nacimiento y a la muerte, que es más excelente que el cuerpo, y que es de otra naturaleza, existiendo por sí de toda eternidad; porque no es de ningún modo posible que lo que ha nacido hace poco exista siempre, ni que lo que no ha comenzado nunca, perezca; por consecuencia, puesto que después de la muerte del cuerpo el alma sigue existiendo, ella será juzgada y recibirá el castigo o la recompensa de la vida que ha llevado; y si es imposible que lo que ha comenzado en el tiempo subsista siempre, es evidente que el alma es de toda eternidad anterior al cuerpo, y de ahí se halla que el alma es una de esas obras eternas del Dios que la ha creado, y de ahí su semejanza con el creador. Y como hemos hablado ya bastante sobre esto, es tiempo de proseguir.

21

SE HACEN ENTRE LOS HOMBRES MUCHAS CLASES

DE RAZONAMIENTOS BUENOS Y MALOS.

22

NO LOS ADMIRES ENSEGUIDA, NI LOS ACEPTES TAMPOCO.

23

PERO SI AVANZAN LAS FALSEDADES, CEDE DULCEMENTE, Y ÁRMATE DE PACIENCIA.

La voluntad del hombre, no persistiendo siempre en la virtud ni en el vicio, produce esas dos clases de discursos o razonamientos que poseen esos dos estados, y que llevan las señales de esas dos disposiciones contrarias en las que sucesivamente se encuentra. De ahí que esos razonamientos sean verdaderos unos y falsos los otros, unos buenos y otros malos; y esa diferencia pide de nuestra parte un discernimiento justo, que es el fruto de la ciencia, a fin de que escojamos los buenos y abandonemos los malos, y así no caeremos en la *misología* u odio a los razonamientos, por lo que condenemos como malo en ellos, y no los recibiremos sin distinción bajo pretexto de lo que hay de bueno en los que recibimos. Pues por el odio a los razonamientos en general nos privamos de los que son buenos, y por una terquedad sin distinción nos exponemos a herirnos con los malos, si no nos ponemos en guardia. Aprendamos, pues, a amar los razonamientos, pero con un justo discernimiento, a fin de que el amor que por ellos sintamos les haga nacer y que nuestro discernimiento arroje a los que sean malos. De esta manera cumpliremos el precepto de Pitágoras, no admiraremos los razonamientos malos, y no los recibiremos sin examen, so pretexto de que son razonamientos, ni nos privaremos de los buenos porque son tan razonables como los malos. Porque en primer lugar, ni estos últimos deben rechazarse por ser razonamientos, sino por ser falsos, ni los buenos han de aceptarse por otra cosa que por ser verdaderos. En segundo lugar, podemos decir resueltamente que no hay más razonamientos que los razonamientos verdaderos, porque son los únicos que conservan la dignidad de la esencia razonable, siendo los productos del alma que está sometida a lo que hay de bueno recobrando todo su brillo y esplendor; mientras que los razonamientos falsos no son efectivamente razonamientos, porque conduciendo al vicio y a la falsedad, han renunciado a su dignidad y a su nobleza, y no son propiamente sino gritos de un alma desprovista de razón, a la que ciegan y confunden sus pasiones. No los recibáis todos, dice el poeta, por miedo a que recibáis también los malos; pero no los rechacéis tampoco, no vayáis a rechazar los buenos. Lo uno y lo otro es absurdo, e indigno del hombre el rechazar los buenos razonamientos a causa de los malos y el aceptar y recibir éstos a causa de aquéllos. Es menester, pues, loar los buenos, y después de recibirlos, meditarlos y buscar hasta dónde llega la verdad que demuestran, y para los malos hay que desplegar contra ellos todas las fuerzas que la ciencia de la lógica puede suministrar para discernir la verdad de la mentira. Y cuando estemos en estado de confundir la falsedad y el error, no hay que hacerlo ni con vehemencia ni con insulto y con aires de menosprecio, sino desentrañar la verdad con respuestas llenas de dulzura, refutando la mentira.

Y como dice el verso: *Si avanzan las falsedades, cede dulcemente,* no acordando lo que es falso, sino escuchándolo sin arrebato y sin acritud; porque esta frase, *cede dulcemente* no indica que se ha de asentir a lo que es falso y que se ha de afirmar, sino que exhorta a escucharlo *con paciencia*, y sin sorprenderse de que haya hombres que se priven desgraciadamente de la verdad; porque el hombre es naturalmente fecundo en opiniones extrañas y erróneas cuando no sigue las nociones comunes según la recta razón. Eso no es, pues, dice este verso, una cosa sorprendente, ni es maravilloso que un hombre que jamás ha aprendido de los demás la verdad y que no la ha encontrado por sí mismo, caiga en la demencia y el orgullo, avanzando en opiniones contrarias a ella. Sería, por lo contrario, un milagro muy sorprendente que, no habiendo nunca querido aprender nada, ni buscarlo tampoco, encontrase fortuitamente la verdad, como un dios que se le apareciese de pronto, como ocurre en las tragedias. Es menester, pues, escuchar con un poco de compasión y de indulgencia a los que avanzan en la falsedad, y aprender por esa experiencia de qué males nos hemos librado nosotros que somos de la misma naturaleza que esos desgraciados y que estamos, por consecuencia, sujetos a las mismas pasiones y debilidades, si bien dichosamente poseemos la ciencia que ha curado esa debilidad. Y lo que contribuye más a darnos esa dulzura necesaria en las disputas, es la confianza que se encuentra en la ciencia, porque un alma bien preparada y adiestrada en combatir contra los torcimientos de la verdad, soportará las falsas opiniones sin emoción, sin trastorno, como si hubiera premeditado todo lo que puede decirse contra la verdad, por la misma verdad instruido. ¿Qué podrá turbar a un hombre instruido? ¿Qué es lo que podrá parecerle inextricable e insoluble? Todas las dificultades que se le opongan, le servirán, por lo contrario, si es verdaderamente fuerte, para suministrarle ideas con que triunfe sobre lo falso. No sólo, pues, de la virtud moral sacará el hombre su tranquilidad y su firmeza, sino de la confianza que tenga en sus fuerzas para esa suerte de combates. He aquí lo que puede decirse sobre el justo discernimiento de los razonamientos, que es el fruto de la ciencia; y por lo que respecta al hábito que el hombre sabio debe adquirir de no dejarse engañar en aquello que puede serlo, el poeta añade inmediatamente lo que sigue:

24

OBSERVA BIEN EN TODA OCASIÓN LO QUE VOY A DECIRTE:

25

QUE NADIE, NI POR SUS PALABRAS NI POR SUS HECHOS, TE SEDUZCA JAMÁS,

26

LLEVÁNDOTE A HACER O A DECIR LO QUE NO ES ÚTIL PARA TI.

Este precepto se extiende sobre todo, y significa lo mismo que el que se ha dado en los versos undécimo y duodécimo:

No cometas jamás ninguna acción vergonzosa, ni con los demás, ni contigo en particular, y sobre todo respétate a ti mismo; porque aquel que ha aprendido a respetarse a sí mismo, ni solo ni acompañado se atreve a cometer la menor acción vergonzosa, pues la aleja de su pensamiento a causa de la razón que abriga en su interior y se halla en estado de obedecer a este precepto. *Que nadie por sus palabras ni por sus hechos te seduzca jamás*, porque únicamente es incapaz de dejarse corromper y seducir el que conoce su nobleza y dignidad, no dejándose ablandar por los halagos, ni intimidar por las amenazas, a pesar de los esfuerzos que para ello hagan sus amigos o enemigos; porque esta palabra nadie, comprende a todos los hombres, cualesquiera que sean, el padre, el tirano, el amigo, el enemigo. Y las diferentes maneras de engañar vienen o de las palabras de los que halagan o amenazan, o de las acciones de los que ofrecen presentes o conminan con penas o suplicios. Es menester, pues, tener muy guarnecida y fortificada el alma por la recta razón contra todas esas cosas, a fin de que no pueda jamás amoldarse

ni sujetarse por ninguno de todos esos accidentes que pueden llegar de fuera, agradables
o tristes. Porque habiendo establecido la recta
razón en el alma, la templanza y la fortaleza
como dos guardas vigilantes e incorruptibles
nos conservarán en situación de no ser sedu-
cidos jamás ni por los atractivos de las cosas
agradables, ni por los horrores de las terribles,
y esto es lo que produce esa exacta justicia
que el poeta nos ha mandado ya practicar en
nuestras acciones y en nuestras palabras. Así
nadie, quienquiera que sea, nos persuadirá jamás a cometer la menor acción ni a proferir la
menor palabra que no se acomode a la recta
razón; porque si sobre todo nos respetamos a
nosotros mismos, es evidente que nadie nos
parecerá más respetable ni más fuerte que nosotros, para hacernos hacer o decir lo que no
debe hacerse o decirse; lo uno y lo otro es nocivo al alma, y todo lo que es nocivo para ella
es nocivo para nosotros, puesto que el alma
es nuestra. Es por esto por lo que es preciso
entender muy bien esta frase: *lo que no es útil
para ti*, entendiendo por el pronombre ti lo
que tú eres verdaderamente; pues si entiendes
bien este precepto: «que nadie por sus palabras, ni por sus hechos te seduzca jamás, llevándote a hacer o a decir lo que no es útil para

ti», y que tú eres propiamente el alma racional, no sufrirás nunca, si eres sabio, ninguna
de las cosas que te pueden herir en tu esencia
racional; porque tú eres propiamente el alma.
Tu cuerpo no eres tú, es de ti; y todas las cosas
exteriores no son ni tuyas, ni de ti; pues lo que
es tuyo es de tu cuerpo.

Distinguiendo y separando así todas esas
naturalezas, no las confundirás jamás; encontrarás verdaderamente lo que es la esencia del
hombre, y no tomando por ella el cuerpo, ni
lo que está fuera del cuerpo, no te apenarás
por el cuerpo, ni por lo que al cuerpo pertenece, como por ti mismo, a fin de que ese
cuidado mal entendido no te lleve al amor
del cuerpo ni al amor de las riquezas; porque
mientras ignoramos lo que somos, ignoramos
también las cosas de que tenemos necesidad; y
tendremos más cuidado de toda otra cosa que
de nosotros mismos, cuando estamos obligados a tenerlo de nosotros.

En efecto: si el alma es la que se sirve del
cuerpo, y si el cuerpo hace de instrumento
del alma, y si todas las cosas se han inventado, a favor de este instrumento, para sostener
su naturaleza, que se desarrolla y perece, es
evidente que el principal y el primer cuidado
debe ser para lo que es primero y principal,

y el segundo para lo que ocupa un segundo rango. Por eso es por lo que el sabio no descuidará la salud, no para dar el primer rango al cuerpo, sino para tenerle en estado de proveer a todas las necesidades del alma, a fin de que obedezca a todas sus órdenes sin ningún impedimento. En fin, un tercer cuidado será para todo lo que se encuentra en tercer lugar; y así gobernará con prudencia y economía las cosas exteriores para la conservación del instrumento, que es su cuerpo. Su primer, o, por mejor decir, su único cuidado será, pues, para su alma, puesto que el cuidado que uno tiene después de ella de las demás cosas, no es sino para ella, y no tiende sino a su conservación y utilidad. Así todo lo que está fuera de la virtud es lo que expresa aquí el verso por estas palabras: lo que no es útil para ti. Si la virtud te es útil, todo lo que no sea virtud te será inútil y pernicioso. Eso nos aconseja, pues, levantar en torno nuestro una muralla para conservar y defender las virtudes, y nos dice que no debemos obedecer nunca a los que ponen todo su empeño en apartarnos de la virtud por medio de las palabras o de los hechos que acompañan a sus reiteradas instancias y persuasiones. Por ejemplo, que un tirano haga grandes promesas o que las efectúe, bien que trate de

conmovernos por sus amenazas o nos fuerce
por medio de los suplicios; o bien que un amigo, ocultando sus malos propósitos bajo las
apariencias y demostraciones de la más acen-
drada amistad, nos aleje de lo que es útil para
el alma. Pues las únicas cosas que le son útiles
a ella son la verdad y la virtud. Estarás, pues,
atento a todos los fraudes y a todos los enga-
ños, si conociendo tu propia esencia, lo que es
y a lo que se asemeja, tienes siempre mucho
cuidado de mantener esa semejanza, y si miras
como el mayor mal que puede ocurrirte y la
mayor pérdida que puedes tener, a todo lo que
pudiera ocultar o alterar eso. Pues nada más
que lo que no es útil para ti, puede hacerte perder esa semejanza divina. Así también, todo lo
que puede mantener en nosotros esa semejanza, nos es útil. ¿Qué se nos podrá ofrecer, por
consiguiente, que sea bastante fuerte para hacernos renunciar a esa ventaja divina? ¿Serán
las riquezas lo que se nos prometerá, o se nos
amenazará con dejarnos sin ellas? Nada im-
porta, porque ya hemos aprendido por la recta
razón a recibirlas y a devolverlas. Desde luego
conocemos la inconstancia e incertidumbre
de todos esos bienes pasajeros. ¿Por ventura,
aunque no los pierda en cierto sentido, y los
defienda valerosamente contra la usurpación

y la injusticia, no me los llevará un ladrón? ¿No puedo perderlos en un naufragio? ¿Aun cuando los pusiese a cubierto de los ladrones y de los peligros del mar, no hay acaso otros caminos abiertos a la pérdida de los bienes? Imaginemos, pues, en nosotros mismos un bien razonable para el amor de la virtud, esto es, hacer un cambio de todas nuestras riquezas por una pobreza voluntaria, acompañada de la honestidad, despojándonos de todos nuestros bienes por motivos justísimos, comprando la virtud a un precio mucho más elevado que el que se nos ofrece por obligarnos a renunciar a ella. Pero se nos pondrán delante de los ojos las torturas y la muerte. Es muy fácil, sin embargo, responder a esas amenazas, pues si sabemos guardarnos a nosotros mismos, esos suplicios no caerán sobre nosotros, y no se referirán más que a nuestro cuerpo. Pero el cuerpo, al morir, no sufre nada que sea contra la naturaleza, porque naturalmente está sujeto a la muerte, puede ser quemado, golpeado, partido y exponerse a mil calamidades y a mil torturas que una enfermedad puede hacerle sufrir aun más que un tirano. ¿Por qué huir de lo que no podemos nosotros evitar, y obstinarnos en mantener lo que no podemos conservar? Lo que es mortal, hagamos lo que hagamos, no lo garantizaremos jamás de la muerte a que la naturaleza lo ha condenado; y lo que es inmortal en nosotros, es decir, nuestra alma y nosotros mismos, no podemos ornarlo ni embellecerlo, sino por la virtud, a menos que nos asustemos y acobardemos por la muerte con que se nos amenaza. Y así, si la sufrimos por una buena causa, entonces ornamos e ilustramos la necesidad de la naturaleza por la firmeza y rectitud de nuestra voluntad y elección. He ahí las grandes cosas que puede un hombre presentar a otro para seducirle y asustarle; pero lo que está dentro de nosotros es libre y no se deja domeñar por nadie, si no queremos, a menos que por un amor desordenado por el cuerpo y por las cosas exteriores traicionemos y entreguemos nuestra libertad, vendiendo los bienes del alma, por el vil precio de una vida momentánea y de algunos bienes que deben seguramente perecer. Este precepto nos exhorta, pues, a ejecutar en todas las ocasiones aquellas cosas que pueden únicamente asegurarnos en la virtud, sellándola de manera que no nos pueda ser arrebatada ni por la violencia, ni por el fraude. Pasemos ahora a otros preceptos que tienen una relación íntima con el precepto precedente.

27

CONSULTA Y DELIBERA ANTES DE OBRAR, A FIN DE QUE NO HAGAS ACCIONES LOCAS.

28

PORQUE ES DE UN MISERABLE EL HABLAR Y OBRAR SIN RAZÓN NI REFLEXIÓN;

29

HAZ, PUES, TODO LO QUE POR CONSIGUIENTE NO TE AFLIJA Y TE OBLIGUE LUEGO AL ARREPENTIMIENTO.

La consulta sabia y prudente produce las virtudes, las perfecciona y las conserva; de suerte que ella es la madre, la nodriza y la guarda de las virtudes; así, cuando nos consultamos tranquilamente sobre qué vida debemos seguir, la virtud se hace elegir por su propia belleza. Después de esa elección, bien asegurada el alma por esa mísera consulta, sostiene toda suerte de combates y de trabajos por la virtud, y ya acostumbrada a la posesión de las cosas bellas y honestas, conserva su juicio sano y entero en los trastornos, así como en las calamidades más enojosas, sin que todo lo que procede del exterior para trastornarla y desviarla pueda hacerla desdecirse y cambiar de opinión, cuando se ha persuadido de que no hay otro camino más que el que ha escogido por propio impulso después de haberle juzgado el mejor y más excelente. De ahí que haya tres efectos sensibles en la sabia consulta. El primero, es la elección de la mejor vida; el segundo, la práctica de la vida que se ha escogido; y el tercero, la guarda segura y exacta de todo lo que ha sido sabiamente deliberado. De esos tres efectos, el primero es la razón, que precede a la ejecución de lo que queremos hacer, y que lleva, por decirlo así, los principios de las acciones. El segundo es la razón, que acompaña a la ejecución y que acomoda y ajusta de antemano cada acción a los principios que la preceden. Y el tercero, es la razón que sigue a la ejecución, y que examinando cada acción que se ejecuta, juzga si se ha hecho a propósito y como es debido: porque en todas las cosas se ve brillar la belleza de la consulta sabia y prudente. Así, tanto crea las virtudes, como las nutre y perfecciona, velando al mismo tiempo por su conservación; de suerte que es el comienzo, el medio y el fin de todos los bienes, y en ella se encuentra la liberación de todos los males, siendo por ella sola por lo que podemos perfeccionar nuestras virtudes. Porque siendo racional nuestra naturaleza, y por consiguiente capaz de deliberar, de consultar, de regirse por su voluntad, y por su elección en tomar un buen o un mal consejo, si escoge bien, entonces la buena vida que abraza conserva su esencia; mientras que si escoge sin razón la corrompe. Pero la corrupción de lo que es inmortal es el vicio, cuya madre es la *temeridad*, de la que este verso nos manda huir, *a fin de que no hagamos acciones locas.* Y las acciones locas son las acciones malas y desdichadas, porque *el hablar* o *el obrar* sin razón y sin reflexión es propio del miserable, es decir, de un desdichado. Si tú consultas antes de obrar, no cometerás jamás esas acciones insensatas que no pueden por menos de afligir inmediatamente a los que han obrado de un modo temerario y sin consejo: pues el arrepentimiento muestra evidentemente el vicio de la elección, cuya experiencia hace sentir el daño. Como al contrario, las consecuencias de la buena consulta muestran la bondad y la seguridad de la elección mostrando en las mismas acciones la utilidad que de ellas resulta. Digo utilidad, no del cuerpo y de las cosas exteriores, sino de nosotros mismos, utilidad que no mire más que a nosotros, a quien se ordena aquí *consultar antes de obrar y no ejecutar acciones que nos aflijan luego, es decir, que no aflijan a nuestra alma.* Porque ¿de qué sirve al hombre el amontonar grandes riquezas por perjurios, asesinatos y toda otra clase de acciones? ¿De qué le sirve ser rico de por fuera, si deja a su alma en la mayor pobreza y falta de los únicos bienes que le son útiles? ¿De qué el permanecer en ese estado tan desventurado de una insensibilidad que aumenta su mal, o con una conciencia que le recuerda sus crímenes y le hace sufrir en el alma las torturas infinitas de los remordimientos, viviendo día y noche bajo los temores mortales del infierno, sin hallar otro remedio a sus males que el refugio en la nada? He ahí el funesto estado a que queda reducida. Trata de curar un mal por otro mal, buscando en la muerte del alma el consuelo de sus crímenes, y se condena a sí misma a no ser nada después de la muerte para sustraerse a las penas que la idea del juicio último le hacen adivinar. Pues el malvado no quiere que el alma sea inmortal para no vivir en la otra vida sufriendo. Y en esa idea previene la sentencia de su juez y se condena a sí mismo a la muerte viendo como justo que el alma criminal no exista. Así es cómo el desgraciado se precipita en el vicio por su temeridad y su locura, dictando en contra suya una sentencia conforme del todo con sus excesos y sus crímenes.

Pero no es así como juzgan los jueces de los infiernos, pues como ellos juzgan sobre reglas ajustadas a la verdad, no dicen que el alma no debe dejar de ser, sino que no debe ser más viciosa, y tratan de corregirla y curarla ordenándole penas para la salvación de su naturaleza, lo mismo que los médicos, que por medio de incisiones y cauterios curan las úlceras más malas. Esos jueces castigan los crímenes, arrojan el vicio por el arrepentimiento, no aniquilan la esencia del alma, ni la reducen al no ser, al contrario, la conducen al ser verdadero por la purgación de todas las pasiones que la corrompen. Pues el alma está en peligro de perderse y de aniquilar su esencia, cuando se aleja del bien y se precipita en lo que es contra su naturaleza; y cuando regresa a lo que es según su naturaleza, recobra toda su esencia y el ser puro que había corrompido por la mezcla de sus pasiones. Es por eso por lo que hay que procurar ante todo no pecar, y cuando se ha pecado es menester correr ante la pena, como el único remedio de nuestros pecados, corrigiendo nuestra temeridad y nuestra locura por el saludable socorro de la prudencia y de la razón. Porque así como nos despojamos de nuestra inocencia por el pecado, la recobramos por el arrepentimiento y por el buen uso que hacemos de los castigos con que Dios nos castiga para levantarnos.

El arrepentimiento es el comienzo de la filosofía, la consecuencia de las palabras y de las acciones insensatas, y el primer paso hacia una vida que no estará sujeta al arrepentimiento; porque aquel que consulta sabiamente antes de obrar no cae en las desgracias y en los disgustos imprevistos e involuntarios, y no comete, sin pensar, acciones cuyos resultado y consecuencias ha de temer; pues dispone del presente y se prepara para todo lo que puede ocurrir en contra, por eso ni la esperanza de lo que llamamos bienes le hace renunciar a su verdadero bien, ni el temor a los males le lleva a cometer el mal, pues teniendo su espíritu sujeto siempre a las reglas que Dios ha establecido, regula por ellas su vida.

A fin de que conozcas bien lo miserable que es hablar y obrar sin razón, ve a Medea que deplore sus desgracias en nuestros teatros. La violencia de un amor insensato la ha llevado a traicionar a sus padres y a seguir a un extranjero; luego, menospreciada por éste, encuentra sus desdichas insoportables, y en esa idea exclama:

Que caiga un rayo del cielo sobre mi propia cabeza...

Después de haberse dejado arrebatar por las acciones más atroces. En primer lugar, locamente y sin razón, pide que no sea lo que ya ha sido; y luego, con furia arrebatada, trata de curar sus males por medio de otros males; pues cree ocultar el origen de sus desgracias con un fin más desgraciado todavía, cubriendo con la muerte insensata de sus hijos, su matrimonio hecho sin reflexión y con una precipitación ciega.

Mira, si quieres, también al Agamenón de Homero. Este príncipe, castigado por no haber sabido refrenar su cólera, exclama gemebundo:

¡Ah! Estoy perdido.

Las fuerzas me abandonan; se me escapan.

Y en el mal estado de sus negocios extingue con un torrente de lágrimas el fuego de sus ojos que la cólera había iluminado en su prosperidad.

Tal es la vida de todo insensato. Arrastrado de aquí para allá por encontradas pasiones, insoportables en sus goces, miserable en sus tristezas, fogoso y altanero cuando espera, y cobarde y solapado cuando teme. En una palabra, como no tiene la generosa seguridad que da el sabio consejo, cambia de sentimiento con la fortuna.

A fin de no ofrecer al público esa clase de escenas, tomemos por guía de todas nuestras acciones a la recta razón, imitando a Sócrates, que ha dicho en alguna parte:

«Sabed que no es de hoy mi costumbre de no obedecer a ninguno de los míos, sino a la razón que me parece más recta y más justa, después de examinarla».[79]

Por la frase, *ninguno de los míos*, entiende él todos sus sentidos. En efecto: todas esas cosas que se nos han dado para servir a la razón, como la energía, el deseo, el sentimiento, el mismo cuerpo, que está para servir de instrumento a todas esas facultades; todas esas cosas son nuestras, pero no nosotros, y es preciso no obedecer a ninguna, más que a la recta razón, como dice Sócrates, es decir, a la parte racional que está dispuesta según su naturaleza. Porque es la única que puede ver y conocer lo que es menester hacer y decir. Así, obedecer a la recta razón y obedecer a Dios, es la misma cosa, porque la parte racional, esclarecida por la irradiación que le es propia y natural, no quiere sino lo que quiere la ley de Dios; y el alma bien dispuesta, según Dios, está siempre de acuerdo con él; y todo lo que hace lo hace mirando siempre a la divinidad y a la luz brillante que la circunda. En cambio, el alma que está dispuesta de una manera contraria y que mira a lo que es sin Dios y está lleno de tinieblas, yendo de aquí para allá, a la ventura, yerra sin seguir una ruta cierta, desprovista de entendimiento y despojada de Dios, que son las verdaderas reglas de todo lo que es bello y honesto.

He ahí los grandes bienes y los bienes infinitos que produce la consulta sabia y prudente, y los grandes males que vienen necesariamente de la temeridad y de la falta de reflexión. Pues el consultar antes de obrar, además de esos grandes bienes de que acabamos de hablar, produce aún uno muy considerable: es, que reprime todos los movimientos de la opinión y nos lleva a la verdadera ciencia, haciéndonos llevar una vida qué no puede por menos de ser deliciosa, puesto que es bonísima y justa. Es lo que vamos a ver inmediatamente.

30

NO HAGAS NINGUNA COSA QUE NO SEPAS;

31

PERO APRENDE TODO LO QUE ES PRECISO SABER, Y POR ESE MEDIO LLEVARAS UNA VIDA DICHOSÍSIMA.

El no emprender las cosas que no sabemos nos impide solamente no hacerlas mal; pero el aprender lo que lleva a una buena vida, además de impedirnos hacerlas mal, nos lleva a realizar con buen éxito todo lo que emprendamos. El conocimiento de nuestra propia ignorancia reprime la temeridad que excita la opinión, y la adquisición de la ciencia asegura el éxito en todas nuestras empresas. Estas dos cosas son bellísimas: *Saber que no sabemos y aprender lo que ignoramos,* ambas van seguidas de una vida bonísima y deliciosa. Y esta vida deliciosa no es sino para el que está vacío de opinión y lleno de ciencia, que no se enorgullece de ninguna de las cosas que sabe y que quiere aprender todo lo que merece aprenderse. Pero nada merece aprenderse más que lo que nos lleva a la semejanza divina; que lo que nos conduce a consultar antes de obrar a fin de que no ejecutemos acciones locas; que lo que coloca fuera de toda seducción y engaño, se haga ya por palabras o por acciones; que lo que nos capacita para distinguir los razonamientos; que lo que nos hace soportar la *divina fortuna* y nos da el medio de corregirla; que lo que nos enseña a no temer ni la muerte, ni la pobreza, y nos enseña a practicar la justicia; que lo que nos hace templados para todo lo que se llaman placeres; que lo que nos instruye en las leyes de la amistad y del respeto que debemos a los que nos han dado la vida; y que lo que nos muestra el honor y el culto que debemos a los seres superiores.

He ahí cuáles son las cosas que ese verso nos ha dicho, que es preciso aprender y que deben ser seguidas de una vida dichosísima; porque el que se distingue por la virtud, goza de deleites que jamás van seguidos de arrepentimiento, y que imitan la constante estabilidad de la virtud que les procuran; porque todo deleite es naturalmente la consecuencia de una acción, cualquiera que ella sea. El deleite no subsiste por sí mismo, sino que llega cuando hacemos tal o cual acción. He aquí por qué el deleite tiene siempre la naturaleza de la acción. Las acciones más males producen los deleites peores y las más buenas los mejores; de suerte que el virtuoso no solamente está por encima del vicioso por la belleza de la acción, sino que le sobrepasa también por el género de deleite, por el cual únicamente parece que el vicioso se ha precipitado en el vicio.

En efecto: en tanto una disposición es mejor que otra, en tanto que un deleite es preferible a otro deleite; y así, puesto que la vida virtuosa en la que luce la semejanza con Dios, es verdaderamente divina, y la viciosa es brutal y sin Dios, es evidente que el deleite del virtuoso imita el deleite divino, según el entendimiento y Dios mismo: y que el deleite del vicioso —quiero emplear para él el mismo término— no imita sino los movimientos arrebatados y brutales; porque los deleites y las tristezas nos cambian y sacan de nuestro estado. Aquél, pues, hace lo que debe y puede hacerse y es feliz, y el que ignore esos justos límites es desgraciado. Así, pues, la vida vacía de opinión está cínicamente exenta de falta, y la que está llena de ciencia es siempre dichosa y perfecta, y por consecuencia es deliciosa y al mismo tiempo muy buena.

No hagamos, pues, lo que no sepamos hacer, y lo que sepamos hagámoslo cuando sea preciso. La ignorancia produce las faltas, y el conocimiento busca la oportunidad, porque muchas cosas bonísimas por sí se hacen males cuando no se las hace a propósito. Escuchemos, luego, este precepto con orden: en lo que nos manda reprimir y retener nuestras acciones, trabaja para excluirnos de faltas; y en lo que nos ordena aprender, no todo, sino lo que merece saberse, y nos excita a las acciones virtuosas y honestas, porque no consiste el bien vivir en estar exento de falta, sino también en hacer todo lo que debe hacerse. Para lo uno baste con purgar la opinión; pero lo otro no puede ser sino el fruto de la ciencia.

Pero de lo uno y de lo otro, es decir, de vivir exento de falta y de vivir bien, he aquí la ventaja que te vendrá: *llevarás una vida deliciosa*. Pero ¿qué es una *vida deliciosa*? Pues no es otra que la vida que goza de todo el deleite que procede de la virtud, y en la que se unen lo bueno y lo agradable. Si deseamos, pues, lo que es bello y al mismo tiempo agradable, ¿no constituirá eso lo que llama el verso una vida deliciosa? Pero el que une lo agradable con lo vergonzoso, por poco tiempo que le halague el cebo del placer, arrojará enseguida lo que haya de vergonzoso en un amargo arrepentimiento, mientras que el que une lo bello con lo penoso, aunque le moleste el trabajo, lo bello dulcificará y disminuirá bien pronto su pena; y en fin, con la virtud gozará de todos los frutos del deleite puro. En efecto: cuando se hace con placer alguna cosa vergonzosa, el placer pasa y la vergüenza queda. Y cuando se hace con mil trabajos algo bueno, las penas pasan y queda sólo lo bueno. De donde se sigue necesariamente que la mala vida es tristísima y amarga, y que la buena, por lo contrario, es deliciosa.

Esto basta para la inteligencia de estos versos; pero como el cuidado del cuerpo no es indiferente para la perfección del alma, veamos lo que añade el poeta:

32

NO HAY QUE DESCUIDAR DE NINGÚN MODO LA SALUD DEL CUERPO;

33

ASÍ, SE LE HA DE DAR CON MESURA DE COMER Y DE BEBER Y LOS EJERCICIOS QUE NECESITE.

34

PERO YO LLAMO MESURA A LO QUE NO TE INCOMODARÁ.

Este cuerpo mortal nos ha sido dado como un instrumento para la vida que debemos lle-

var aquí abajo, y precisa ni engordarlo por un
tratamiento demasiado indulgente, ni debili-
tarlo por una dieta rigurosa, porque uno y otro
extremo producen los mismos obstáculos e
impiden el uso que de él debe hacerse. Por eso
es por lo que se nos exhorta aquí a tener con
él un cuidado moderado y no descuidarlo, ni
llevándole a una gordura excesiva, ni al estado
consumido de la enfermedad, a fin de conservarlo en el estado en que debe naturalmente
mantenerse, pudiendo desempeñar todas las
funciones que el alma que lo dirige exija de
él, haciendo lo que ella le ordene, pues el alma
es la que se sirve del cuerpo éste es el servidor
de aquélla. El artesano está, pues, obligado a
cuidar el instrumento de que se sirve, porque
no ha de querer únicamente utilizarlo, sino
que ha de procurar cuidarlo para poder dis-
poner del ánimo para la ejecución de sus órdenes. Y como por su naturaleza está sujeto a
generación y corrupción, la repleción y la eva-
cuación, el mantenimiento y la nutrición, tanto como la percepción de alimentos, y como
el ejercicio, deben regularse con justa mesura.
Y esta justa mesura, es la razón que acuerda el
hábito del cuerpo con las operaciones intelectuales del alma que por ese medio cuida de la
conveniente salud y estado del filósofo.

Esta razón escogerá, pues, los ejercicios y los alimentos que no engordan demasiado al cuerpo y que no le impiden seguir los movimientos intelectuales, porque no cuida sólo de un cuerpo sencillamente, sino de un cuerpo que sirve a los pensamientos del alma. Por esto es por lo que rechaza el régimen atlético que sólo cuida del cuerpo sin alma, y huye de todo cuidado superfluo del cuerpo como enteramente contrario a la luz inteligente de aquélla. Así, el régimen que, por el buen hábito que procura al cuerpo, puede contribuir más a las disposiciones necesarias para aprender las ciencias y proveer a todas las ocasiones bellas y honestas, ése será el que escoja el hombre que quiere abrazar la vida razonable, porque es el que aquí se señala: *yo llamo mesura a lo que no te incomodará.*

Que la mesura y cuidado que tomes por tu cuerpo no te incomode a ti que eres un alma racional. Estás obligado, tú, que eres el guardián de todos los preceptos que te voy dando; estás obligado a escoger la comida, la bebida y los ejercicios que hacen al cuerpo obediente a las órdenes de la virtud y que no llevan la parte brutal a cocear y encolerizarse contra la razón que la conduce; pero esa mesura en el cuidado que es menester observar con el cuerpo, debe regularse con muchísima atención y prudencia, como la causa de todos esos movimientos desarreglados; porque el caballo no se envicia ni se revuelve sino cuando está muy bien alimentado y mal enseñado por el jinete.

Al hablar de *la mesura que debe observarse con el cuerpo*, el poeta ha reparado antes en la bebida que en la comida, porque es más difícil contenerse en ella y más fácilmente se llega al abuso, además de que el beber trastorna antes el buen hábito del cuerpo; porque un hombre sin cuidado pasará esta mesura mucho más bebiendo que comiendo; y pone en tercer lugar los ejercicios porque ellos corrigen la repleción que la nutrición ha causado y preparan al cuerpo a nutrirse más sanamente; porque esas dos cosas constituyen un circulo entre sí y se suceden naturalmente la nutrición al ejercicio, y el ejercicio a la nutrición. La buena alimentación da lugar al buen ejercicio, y el buen ejercicio a la buena alimentación. Pero la mesura de una y otro no es la misma para todos: cada cual cuidará de su cuerpo según sus miras particulares y según el uso que quiera sacar de él, porque cada hombre trata de acomodar su cuerpo a la profesión que ha escogido. El luchador le adiestra en todos los movimientos de la lucha, el labrador en los trabajos del campo, y otro en otra suerte de servicios. ¿Qué hará el filósofo? ¿Bajo qué respecto y designio cuidará su cuerpo, para qué arte le transformará en instrumento? Visiblemente para la filosofía y todas sus obras. No le nutrirá de todo, ni le ejercitará en todo, sino en aquello por lo que pueda ser un instrumento de prudencia y sabiduría, teniendo siempre cuidado principal y previamente del alma, y por amor a ella, pues no preferirá nunca la parte que sirve a la que se sirve de ella, como no descuidará tampoco la primera por la segunda, pero si tendrá cuidado del cuerpo en el orden y el rango conveniente, como de un instrumento de cuya sanidad y buen estado depende la virtud a la que sirve. He aquí por qué no le nutrirá de toda clase de alimentos, sino de los que es menester nutrirlo, porque los hay que no deben ofrecérsele por apesadumbrar al cuerpo, y arrastrar al alma a toda clase de afecciones terrestres y carnales. De esos alimentos habla el poeta cuando dice más adelante: *Abstente de las carnes que hemos prohibido en las purificaciones, y al hablar de la liberación del alma, y sírvate eso para tu juicio.*

Rechazará así por completo todos esos alimentos, y en cuanto a todos los que puede tomar, regulará la cantidad y el tiempo, y como dice Hipócrates, examinará la estación, el lugar, la edad y otras cosas semejantes, no permitiendo llevarse sin examen y reflexión de todo lo que puede alimentarse, no ordenando el mismo régimen indiferentemente al joven y al viejo, al sano y al enfermo, al que no quiere entrar en el estudio de la filosofía y al que ha hecho ya un gran progreso o desea la perfección. La mesura pitagórica comprende todas esas cosas en estas palabras que añade el poeta: *lo que no te incomodará*. Pues por estas palabras refiere al cuidado del cuerpo todo lo que tiende y contribuye a la felicidad filosófica, y después de lo que ha dicho de la salud del alma, añade que no debe descuidarse la del cuerpo, de suerte que allí nos enseña lo que hace la virtud del alma que sirve al cuerpo, y aquí lo que hace la salud y procura la conservación del cuerpo, que sirve de instrumento al alma. Une, pues, esas dos cosas; y encontrarás, quien quiera que seas, tú, que a ti se dirige este precepto, y que es menester tomar para la justa medida del cuidado que se toma por el cuerpo, *lo que no le incomodará*, es decir, lo que no impedirá la intención filosófica y te podrá ayudar a proseguir por el camino de la virtud.

Al prescribir mesura en el beber y el comer destierra igualmente el defecto y el exceso y no abraza sino lo que está en el medio y es moderado, pues no es sino por esa moderación cómo se llega a dominar la gula, la pereza, la lujuria y la cólera. Porque la mesura de que se habla aquí reprime todo exceso en esa clase de cosas y excluye todo lo que incomoda, rebaja y arrastra al alma que se dirige hacia la inteligencia, es decir, hacia Dios; porque es preciso que el alma que se eleva hacia la inteligencia goce de una entera tranquilidad, que no esté agitada por la violencia de las pasiones y que todas las cosas inferiores le estén sometidas, a fin de que sin trastorno pueda meditar las cosas de arriba. He ahí la mesura que no te incomodará. Ella te hará dueño de tus pasiones, conservará tu cuerpo, te descubrirá la virtud del alma, y no destruirá ni alterará el buen hábito del instrumento de que se sirve, porque es una parte de la virtud saber conservar el cuerpo y hacerle propio para todos los usos que el filósofo debe sacar de él.

Pero porque el cuidado del cuerpo no consiste sólo en el beber y comer, y hay necesidad de muchísimas otras cosas, como ropas, muebles y habitaciones, y en todas esas, cosas hay que guardar también la justa mesura que destierra igualmente el lujo y el desaseo, el poeta añade con razón:

35

ACOSTÚMBRATE A VIVIR DE UNA MANERA PROPIA Y SIN LUJO.

36

EVITA PROVOCAR LA ENVIDIA.

37

Y NO GASTES FUERA DE TIEMPO, COMO EL QUE NO CONOCE LO QUE ES BUENO Y HONESTO;

38

PERO NO SEAS TAMPOCO AVARO NI MEZQUINO,

PORQUE LA JUSTA MESURA ES EXCELENTE EN TODAS LAS COSAS.

No es únicamente en el beber y el comer en lo que es buena la mesura, dice el poeta, sino también en todas las demás cosas, apartándose igualmente del defecto y del exceso, porque en todo se puede pasar doblemente esa justa medida, ya del lado de la magnificencia, ya de la mezquindad; y la una y la otra son vituperables, indignas de las costumbres de un filósofo y muy lejanas de esa mediocritud que se debe guardar en todo lo que respecta al cuerpo. Porque la limpieza, llevada a un cierto extremo, se convierte en lujo y molicie, y la sencillez exagerada degenera en cicatería y suciedad.

Para no caer, pues, en el primer defecto, por la limpieza, ni en el segundo por la sencillez, mantengámonos en el medio, evitando los vicios vecinos de esas dos virtudes tomando a la una por correctivo de la otra. Abracemos una vida sencilla que no sea descuidada y una vida limpia que no llegue al lujo. Para ello guardaremos la justa medida en todo lo que concierne al cuerpo: tendremos vestidos limpios, pero sin magnificencia; una casa aseada, pero sin lujo; y así nuestros muebles y todo lo demás; pues el alma racional, mandando al cuerpo, es la justicia y el beneficio que le concierne al que debe regular por la razón, persuadido de que todo debe responder a su dignidad, no debiendo sufrir ni el descuido ni el lujo. Para apartarse, pues, de la magnificencia, debe recurrir a la sencillez y debe caer en la limpieza para evitar lo que es feo y deforme.

Por ejemplo, ella quiere que se tengan ropas que no sean de una tela muy fina, sino limpia; que la vajilla no sea de plata y oro, sino de la materia común y corriente, limpia; una casa que no esté adornada ni embellecida por mármoles y otras piedras de gran precio, gran tamaño y de una belleza superflua. En una palabra, la limpieza en toda manera de vivir, excluyendo el lujo como de mal uso, aceptando en cambio la sencillez como lo que basta a todas las necesidades.

En efecto, las ropas, la casa, los muebles son principalmente para nuestro uso cuando para ello nos están proporcionados. ¿Para qué, pues, un gran plato para una porción pequeña? ¿Y para qué también un plato impropio que no es proporcionado y que nos disgusta? ¿Hace falta una gran casa para un hombre que utiliza sólo un rincón? ¿A quién servirá también una casa descuidada que no se puede habitar? Igualmente en todas las cosas encontrarás siempre dos lados en que todo es inútil y de mal uso, fuera de lo que une la sencillez a la limpieza, y así desde que pasas la medida de la necesidad te arrojas en la inmensidad del deseo.

Por esto mide bien todas las cosas necesarias para la vida y contenías en ese justo medio, que está igualmente apartado de los dos extremos contrarios. *Acostúmbrate*, dice el poeta, *a vivir de una manera propia*; y enseguida, viendo que la propiedad puede caer en el lujo, añade, *y sin lujo*. Él había dicho sencillamente, acostúmbrate a vivir de una manera que no sea lujosa; pero vio que semejante sencillez era hacer caer en la sordidez, y por eso dijo de una manera propia y sin lujo, previniendo la caída en uno y otro extremo por el contrapeso de uno y otro, a fin de que resulte de ambos un género de vida digno del animal racional.

Regulando así nuestra vida, sacaremos de ello también un grandísimo bien, y evitaremos la envidia que sigue siempre a lo que es desmesurado, si por nada la excitamos en contra nuestra por parte de nuestros conciudadanos, de suerte que se irriten tanto por nuestro lujo, como que se quejen por nuestro descuido, ya acusándonos de pródigos en un caso, ya de sórdidos y mezquinos en otro; porque los dos excesos atraen igualmente el vituperio de aquellos con quienes vivimos. Y eso es lo que significa aquí propiamente la palabra *envidia*, porque diciéndonos, *evita provocar la envidia*, quiere decirnos lo que atrae el vituperio de los hombres razonables. Pues la razón y el sentimiento general de los hombres censuran en la manera de vivir el lujo y el desaseo y en los gastos la prodigalidad y la cicatería. Por esto es por lo que la mediocridad en todas las cosas exteriores muestra la buena disposición de nuestra alma y hace ver que la justa medida es lo que hay en todo mejor; porque es menester en cuanto sea posible que el que ama el reposo se abstenga de todo lo que está sujeto a envidia, y que no irrite esa envidia como una bestia feroz, a fin de que sin ningún obstáculo pueda avanzar en el camino de la virtud. Viviremos a cubierto de la envidia abrazando un género de vida sencillo y limpio, evitando el fausto de los que ignoran en qué consiste la honestidad y la decencia, de donde resultan dos grandes males, un gasto y una economía fuera de sazón, en la que una es

censurada como orgullo y la otra como bajeza. Esos dos extremos se evitan por la liberalidad, virtud que consiste en dar y recibir, en la
recepción y en el gasto de lo que es honesto y
decente, acordando todas las cosas exteriores
con la recta razón.

He ahí las reflexiones profundas que este
filósofo nos ha dado en esos versos sobre el
uso que debemos hacer de nuestro cuerpo y
de todas las cosas exteriores, a fin de que por
ello se vea brillar en toda nuestra conducta la
belleza de la virtud.

El precepto siguiente es un resumen de
todo lo que acaba de decirse.

39

NO HAGAS SINO LAS COSAS QUE NO PUEDAN PERJUDICARTE, Y RAZONA ANTES DE HACERLAS.

Este es un precepto que nos ha dado ya re-
petidas veces, ya diciéndonos: *Haz, pues, todo
lo que por consiguiente no te aflija y te obligue
luego al arrepentimiento*, ya: *Yo llamo mesura*

a lo que no te incomodará; o bien: *Que nadie, ni por sus palabras ni por sus hechos, te seduzca jamás, llevándote a hacer o decir lo que no es útil para ti.* Y aquí nos vuelve a poner ante los ojos todos esos preceptos por esta recapitulación sumaria, al aconsejarnos que nos abstengamos de todo lo que puede perjudicarnos, y que ejecutemos lo que nos puede ser útil.

Así hace uno fácilmente la distinción de esas dos clases de acciones, cuando se razona antes de obrar y cuando se considera lo que es hacedero y lo que no lo es; y es tiempo de razonar y de consultar cuándo todo está por hacer y no se ha puesto aún mano a la obra. Así, cuando él dice aquí: *las cosas que no puedan perjudicarte*, las explicamos como ya las hemos explicado en el precepto que ha dado diciendo: *todo lo que por consiguiente no te aflija*, explicando que con ese *te aflija* se refiere verdaderamente al hombre, a la esencia racional, es decir, al hombre que ha abrazado la sabiduría y que dirige todos sus esfuerzos a semejarse a Dios, pues ese hombre interior está herido por todo lo que va contra la recta razón, contra la ley divina, todo lo que impide su semejanza con Dios y por todo lo que destruye en nosotros su imagen. Y todas esas cosas proceden ordinariamente del comercio con aquellos con quienes vivimos, y del cuidado que tenemos del cuerpo, al que estamos ligados, y del uso que hacemos de las riquezas que se han inventado como un socorro para el cuerpo, y que han sido llamadas por esa razón con una palabra que señala e indica que deben servir a las necesidades del cuerpo.

Es menester, pues, dice el poeta, que aquel que esté apegado al amor de los bienes divinos procura no dejarse persuadir para hacer lo que no le es útil, ni está conforme con su cuerpo y que le será nocivo para el mismo, y que no reciba ni admita nada que pueda apartarle del estudio de la sabiduría, pues tendría que arrepentirse de ello bien pronto. Debemos prevenir todas esas cosas por el razonamiento que precede a la acción, a fin de que el examen que hagamos de todas ellas, antes de hacerlas y después de ejecutarlas, nos proporcione un agradable recuerdo; y esto es lo que expone en los siguientes versos:

40

NO CIERRES TUS OJOS AL SUEÑO ASÍ QUE TE ACUESTES,

41

SIN EXAMINAR POR TU RAZÓN LAS ACCIONES DEL DÍA.

42

¿EN QUÉ HE FALTADO? ¿QUE HE HECHO? ¿QUÉ HE DEJADO POR HACER? ¿QUE DEBÍA HABER HECHO?

43

COMENZANDO POR LA PRIMERA DE TUS ACCIONES, Y CONTINUANDO POR TODAS LAS DEMÁS.

44

SI EN ESE EXAMEN VES QUE HAS FALTADO, REPRÉNDETE SEVERAMENTE, Y SI HAS HECHO BIEN, REGOCÍJATE DE ELLO.

Cuando llegues a este sitio, reúne en tu memoria todos los preceptos que se te acaban de dar, a fin de que en el tribunal interior de tu alma, mirándolos como leyes divinas, puedas hacer seguramente examen de todo lo bueno y malo que hayas hecho. Porque ¿cómo el examen de nuestras pasadas acciones podrá ponernos en estado de reprenderlas o alabarlas, si el razonamiento que las ha precedido no pone de nuevo ante nuestros ojos ciertas leyes y ciertas reglas según las cuales debemos regular nuestra vida y que deben ser para nosotros como un fin divino hacia el que dirigimos todo el secreto de nuestra conciencia? Pitágoras nos ordena hacer este examen todos los días, sin dejar ni uno, a fin de que la asiduidad del recuerdo le haga más seguro e infalible. Y quiere que lo hagamos por la noche, antes de dormir, a fin de que todas las noches, después de la jornada nos demos cuenta exacta ante el tribunal de la conciencia, y que ese examen severo de nuestras disposiciones, sea como un cántico que entonemos a Dios al acostarnos. *¿En que he faltado? ¿Que he hecho? ¿Que he dejado de hacer que debía haber hecho?* Por ese medio regularemos nuestra vida según las reglas que nos han sido ya prescritas, conformaremos nuestra razón que juzga, con el entendimiento divino que ha hecho la ley.

Porque ¿qué es lo que dice el legislador? Que debemos honrar a los seres superiores según el orden y el rango de su ciencia; que es menester tener mucha consideración y respeto hacia nuestros padres y parientes; buscar y amar a las gentes de bien; dominar nuestras pasiones y afecciones terrestres; respetarnos a nosotros mismos en todo y siempre; practicar la justicia; reconocer la brevedad de esta vida y la instabilidad de las riquezas; soportar con sumisión la suerte que el juicio divino nos envía; no ocuparnos sino con pensamientos dignos de Dios, y dirigir incesantemente nuestro espíritu hacia lo que hay de mejor; no amar ni abrazar sino los razonamientos que merecen verdaderamente este nombre; ponernos fuera de toda sorpresa y de ser sojuzgados para conservar el precioso depósito de la virtud; consultar antes de obrar, a fin de que el arrepentimiento no sea el fruto de todas nuestras acciones; purgarnos de toda opinión, buscando el camino de la ciencia; y, finalmente, acordar nuestro cuerpo y todas las cosas exteriores, a las funciones de la virtud.

He ahí las leyes que el entendimiento divino impone a las almas. Así que la razón las ha recibido, se hace para sí misma un celoso vigilante. *¿En que he faltado? ¿Que he hecho?* se dice, todos los días, recordando por orden todas las acciones buenas y malas. Y al fin de ese examen, si encuentra que ha pasado el día sin violar ninguna de esas leyes, se hace una corona con los frutos del goce divino. Y si se sorprende en alguna falta, entonces se castiga por las severas correcciones de arrepentimiento, así como por remedios astringentes. He ahí por qué el poeta dice, es preciso apartar el sueño para dar tiempo a la razón a que acometa ese examen. El cuerpo soportaría fácilmente esas vigilias no estando arrastrado por la necesidad de dormir, a causa de su régimen atemperado y sabio, que hace que las pasiones más necesarias se sometan al imperio de su razón.

No cierres tus ojos al sueño así que te acuestes, sin examinar por tu razón las acciones del día. ¿Y cuál es ese examen? *¿En qué he faltado? ¿Qué he hecho? ¿Qué he dejado por hacer que debía haber hecho?* Porque nosotros pecamos de dos maneras: o haciendo lo que no debemos hacer, lo que se expresa por las preguntas: *¿En qué he faltado? ¿Qué he hecho?;* o no haciendo lo que debemos; lo que se expresa por el resto del verso: *¿Qué he dejado por hacer que debía haber hecho?;* porque una cosa es omitir el bien y otra cometer el mal. Lo uno es una falta por omisión; lo otro por comisión. Por ejemplo. Hay que orar todos los días y no hay que blasfemar. Es preciso alimentar a los padres y no hay que maltratarlos. El que no hace los dos primeros puntos de estos dos preceptos, no hace lo que es menester; y el que comete los dos últimos hace lo que no debe hacerse. Y así puede decirse que esos dos pecadores son en cierto modo iguales, en cuanto se precipitan en la transgresión de la misma ley.

El poeta nos exhorta, pues, a hacer un examen de todas las acciones del día, desde la primera hasta la última, por orden, sin olvidar las que hay entre una y otra, lo que indica por medio de la palabra *continuando*; porque con frecuencia ocurre que una trasposición seduce el juicio, y hace excusable por el desorden de la memoria lo que no tendría excusa, si estuviese en su lugar. Además, esta recapitulación de la vida que hemos hecho durante el día, nos refresca la memoria de todas las acciones pasadas y despierta en nosotros el sentimiento de nuestra inmortalidad.

Y lo que hay aquí de admirable, es que el poeta, al ordenarnos examinar cada acción, no añade nada a ese examen. ¿Qué bien he hecho? ¿Qué he hecho de lo que debía hacer?, sino que nos lleva de un golpe a lo que puede humillar nuestro orgullo, haciendo él mismo el examen de nuestras faltas. *¿En qué he faltado? ¿Qué he hecho?* etc. Y nos da un juez justísimo y muy natural, que es nuestra conciencia y la recta razón, estableciéndonos a nosotros mismos por jueces propios. ¿Quién como nosotros, aprenderá a respetarse particularmente? ¿quién como cada cual puede reprenderse a sí mismo? El que está libre, sirviéndose de su libertad, rechaza las advertencias y las correcciones de los otros, cuando no quiere obedecer; pero la conciencia, que se agita en nuestro interior, está forzosamente obligada a escucharse. He ahí el gobernador que nos ha dado Dios; he ahí nuestro pedagogo; he ahí el que la razón nos da por juez de todas nuestras acciones del día. No es otro sino él quien toma las declaraciones y pronuncia luego su misma sentencia, condenándose o absolviéndose por su sufragio según merezca ser condenado o absuelto; porque así que en su memoria lee todo lo que ha hecho como en la ley cuyo ejemplo debe seguir, pronuncia y se declara a sí mismo por su juicio digno de loor o de castigo; y esa práctica diaria hace del que la observa la verdadera imagen de Dios, añadiendo o extirpando todos los días alguna cosa, hasta que alcanza su perfección y se ve iluminado por la belleza de la virtud. Eso es lo que al fin perfecciona al hombre de bien todo cuanto es posible. Aquí acaba también la primera parte de este tratado, pasando ahora el poeta a dictar los preceptos que tienden a hacer un Dios del hombre.

45

PRACTICA BIEN TODAS ESAS COSAS, MEDÍTALAS BIEN; ES MENESTER QUE LAS AMES CON TODA TU ALMA.

46

ELLAS TE COLOCARÁN EN EL CAMINO DE LA VIRTUD DIVINA.

47

YO LO JURO POR AQUEL QUE HA TRANSMITIDO EN NUESTRA ALMA EL SAGRADO CUATERNARIO,

48

FUENTE DE LA NATURALEZA CUYO CURSO ES ETERNO,

He aquí lo que ya he dicho en el prefacio, que la filosofía práctica hace al hombre de bien por la adquisición de las virtudes, y la filosofía contemplativa le asemeja a Dios por la irradiación del entendimiento y de la verdad; y que al menos en lo que nos respecta las cosas pequeñas deben preceder a las grandes, porque es más cómodo conformar la vida humana a las reglas de la razón que el llevarla a lo que hay de más divino y sublime, lo que no es posible si no se la llama por completo en la contemplación.

Desde luego no es posible que poseamos la verdad sin confusión, si nuestras facultades animales no están enteramente sometidas a las virtudes morales según la ley del entendimiento, porque siendo el alma racional el medio entre el entendimiento y lo que está privado de razón, no puede estar invenciblemente unida a ese entendimiento, que está por encima de ella, sino cuando pura y despojada de toda afección para las cosas de acá abajo, no se deja arrastrar por lo que no es de razón y por el cuerpo mortal, cuidándose de ello como de cosas extrañas y no aplicándose sino a lo que le permite la ley de Dios, que nos veda en modo alguno el apartarnos de ella y nos ordena atender a Dios mismo que viene a sacarnos de este cautiverio.

Tal alma tiene, pues, necesidad de dos clases de virtud: la virtud política o práctica que regula y modera el furor que la lleva hacia las cosas de acá abajo, y de la virtud contemplativa que la eleva y ensalza hacia las cosas de arriba y la une con los seres superiores. Entre estas dos virtudes, el poeta ha puesto estos dos versos, que son como los límites que los separan: el primero, *Practica bien todas esas cosas, medítalas bien; es menester que las ames con toda tu alma*, es como el fin y la conclusión más adecuada de la virtud política; y el último, *Ellas te colocarán en el camino de la virtud divina*, es como el comienzo y una magnífica entrada de la ciencia contemplativa; porque este comienzo promete a aquél librarle de la vida brutal, y purgarle cuanto es posible del exceso de las pasiones; y por ello de bestia que era, se hace hombre. Es más: de hombre le hará Dios, en cuanto sea posible a la naturaleza humana el participar de la esencia divina.

Pero lo que nos deifica, y lo que sea el fin de la verdad contemplativa, es lo que se evidencia por estos versos que, como conclusión admirable que no deja lugar a duda, pone al final de este tratado: *y cuando después de despojarte de tu cuerpo seas recibido en el aire puro y libre, serás un dios inmortal, incorruptible, a quien no dominará la muerte;* porque es una necesidad que obtengamos ese dichoso restablecimiento, es decir, esa gloriosa apoteosis por la práctica constante de las virtudes y por el conocimiento de la verdad, y esto es lo que este sagrado libro nos muestra claramente, como vamos a verlo enseguida.

Por ahora volveremos a los versos que debemos explicar, y examinaremos si las palabras *practicar*, *meditar* y *amar*, hablando de los preceptos ya dados, significan otra cosa que aplicar el alma toda entera a la práctica de las virtudes; pero siendo nuestra alma una substancia racional, tiene necesariamente tres facultades: la primera es aquella por la cual aprendemos, y es la que nos ordena *meditar*; la segunda es por la que nos posesionamos de lo que hemos aprendido y lo ponemos en práctica, y es la que ordena *ejercer* y *practicar*; y la tercera es aquella por la cual amamos lo que hemos aprendido y practicamos, y es la que nos exhorta a *amar* todas las cosas.

A fin, pues, de que tengamos todas las facultades del alma racional puestas y aplicadas a esos preceptos de las virtudes, se pide aquí la facultad inteligente, la meditación; la facultad activa, la práctica y el ejercicio; y la facultad que abraza y que ama en la que se exige amar, a fin de que por su medio adquiramos los verdaderos bienes, que los conservemos por el ejercicio, y tengamos siempre por ellos amor innato en nuestros corazones.

Y esa disposición no deja de ir acompañada de la esperanza divina que hace resplandecer en nosotros la luz de la verdad, como nos lo promete él mismo, diciéndonos: *Ellas te colocarán en el camino de la virtud divina,* es decir, ellas te harán semejante a Dios por el conocimiento cierto de los seres: porque el conocimiento de las causas de los seres, las causas, digo, que están primeramente en la inteligencia de Dios, su creador, como ejemplares eternos, lleva al grado más sublime del conocimiento de Dios, a lo que sigue la completa semejanza con él. Esta semejanza es lo que aquí se llama *virtud divina,* como muy superior a la virtud humana, que la precede y sobre la que se funda.

La primera parte de estos versos termina, pues, con el amor a la filosofía y a todo lo que es bueno y honesto; ese amor va delante y le sigue el conocimiento de la verdad; y ese conocimiento nos lleva a la perfecta semejanza con la virtud divina, como veremos enseguida. La necesidad de la unión o de la alianza de esas cosas está confirmada aquí por juramentos, pues el poeta jura con muchísimo fervor, que la virtud humana perfectamente adquirida nos conduce a la semejanza con Dios.

Y esta falta al precepto que nos da al principio: *Respeta el juramento*, ordenándonos que nos abstengamos de él en las cosas casuales y cuya ocurrencia es incierta: porque esa clase de cosas son pequeñas y están sujetas al cambio, y por eso no es justo ni es seguro jurar por ellas, por que no depende de nosotros el que ocurran, es aparente en este caso, pues las cosas de que aquí se habla están necesariamente ligadas al conjunto y se puede jurar sobre ellas seguramente con toda suerte de justicia. Su instabilidad no nos engañará, puesto que estando ligadas por la ley de la necesidad, no pueden menos de ocurrir, y su obscuridad y su bajeza no las hacen indignas de sellarse con el testimonio y la intervención de la divinidad. Y si la virtud y la verdad se encuentran en los hombres, hállanse con más frecuencia entre los dioses.

Además, este juramento se hace aquí un precepto, que es menester honrar a aquel que nos enseña la verdad, hasta jurar por él si es necesario, para confirmar sus dogmas, y no decir solamente *él lo ha dicho*, sino asegurar con confianza, *las cosas son así y lo juro por él*. Al jurar sobre la unión necesaria de esas costumbres perfectísimas, entra el poeta en el fondo de la Teología, y hace ver manifiestamente que el cuaternario, que es la fuente del ordenamiento eternal del mundo, no es otro que Dios mismo que lo ha creado todo. Pero ¿cómo es Dios el cuaternario? Eso es lo que tú aprenderás en el libro sagrado que se atribuye a Pitágoras[80] y en el que Dios es celebrado como el número de los números. Pues si todas las cosas existen por sus eternos decretos, es evidente que en cada especie de los seres el número depende de la causa que los produce. En ella se encuentra el primer número y de ella viene a nosotros. El intervalo finito del número es el diez, porque el que quiere seguir contando después del diez añade el uno, el dos, el tres, etc., contando así la segunda decena hasta veinte, y la tercera hasta treinta, y así todas las decenas hasta ciento. Después de ciento se vuelve también sobre el uno, y el dos, y el tres, etc., y así el intervalo de diez se repite hasta lo infinito. Pero la potencia del diez está en el cuatro, porque antes de que se llegue al diez se ha descubierto toda la virtud y la perfección del diez en el cuatro.

En efecto, sumando los cuatro primeros números, tenemos el diez, puesto que uno, y dos, y tres y cuatro dan diez: y el cuatro es un medio aritmético entre el uno y el siete, porque sobrepasa al uno en el mismo número que es sobrepasado por el siete, siendo el cuatro al uno lo que el siete al cuatro. Así, las propiedades del uno y del siete, son bellísimas y excelentes; porque la unidad como principio de todo número contiene en sí el poder de todos los números, y el siete como virgen y sin madre, tiene en sí la virtud y la perfección de la unidad, ya que no es engendrado por ningún número contenido en el intervalo del diez, como el cuatro que es producto de dos y dos, el seis de tres y tres, el ocho de cuatro y cuatro, el nueve de tres por tres, y el diez de cinco y cinco. A su vez el siete no engendra ninguno en ese intervalo, como el dos que produce el cuatro, el tres el nueve y el cinco el diez. Estando el cuatro en medio, entre la unidad increada y el siete sin madre, él solo ha recibido las virtudes y los poderes de los números productores y producidos que se contienen en el diez, siendo producido por un cierto número y produciendo también otro: porque el dos repetido produce el cuatro, y el cuatro duplicado produce el ocho.

Añade que el primer cuerpo sólido se encuentra en el cuatro, porque el punto responde a la unidad, y la línea al dos, porque efectivamente de un punto no se va sino a otro, y eso es lo que hace la línea; y la superficie responde al tres, y así el triángulo es la más sencilla de las figuras planas. Pero la solidez es cosa propia del cuatro, y así el cuatro se ve en la primera pirámide, donde el tres hace la base triangular y la unidad forma la cúspide o remate.

Hay además cuatro facultades para juzgar las cosas: el entendimiento, la ciencia, la opinión y el sentimiento, porque todas las cosas se juzgan por una de esas cuatro facultades. En una palabra, el cuatro abarca y relaciona todos los seres, los elementos, las estaciones, las edades y las sociedades, y no podrá señalar una cosa que no dependa del cuaternario como raíz. Porque, como ya hemos dicho, el cuatro es el creador y la causa de todas las cosas. El Dios inteligible es la causa del Dios celeste y sensible. El conocimiento de ese Dios ha sido transmitido a los pitagóricos por el mismo Pitágoras, por el cual jura aquí el autor de estos versos, que la perfección de la virtud nos llevará a la luz de la verdad: de suerte que puede decirse muy bien que este precepto: *Respeta el juramento*, se observa particularmente respecto de los dioses eternos, que son siempre los mismos; y que aquí se jura por aquel que nos ha enseñado el número cuaternario que verdaderamente no fue el número de esos dioses, ni de los genios por su naturaleza, sino solamente un hombre adornado con la semejanza con

Dios, y que conservó en el espíritu de sus discípulos toda la majestad de esa imagen divina. Por esto es por lo que el poeta, sobre cosas tan grandes, jura por él, para indicar fácilmente la extrema veneración que confesaban por él sus discípulos, y la gran distinción que ese filósofo adquirió por las ciencias que les enseñó.

La mayor de esas ciencias es el conocimiento del cuaternario que lo ha creado todo. Y así, pues, la primera parte de estos versos, queda brevemente explicada; la segunda consiste en una promesa firme y estable, que el sagrado nombre del cuaternario es conocido por una esperanza que no puede engañar; y que ese divino cuaternario ha sido explicado en cuanto lo han permitido los límites que nos hemos prescrito. Ahora pasaremos a otras cosas a las que nos llaman estos versos; pero haremos ver antes qué celo y qué preparación debemos observar, y qué necesidad tenemos para ello del auxilio de los seres superiores.

48

... PERO NO COMIENCES A OBRAR,

49

SIN ROGAR ANTES A LOS DIOSES TERMINAR LO QUE VAS A EMPRENDER.

El autor de estos versos describe en pocas palabras las dos cosas que concurren absolutamente para que obtengamos los verdaderos bienes. Esas dos cosas son el movimiento voluntario de nuestra alma, y el auxilio del cielo; porque por más que la elección del bien es libre y depende de nosotros, sin embargo, como tenemos por Dios esa libertad y ese poder, necesitamos continuamente que Dios nos ayude, que coopere con nosotros y que acabe lo que le pedimos. Pues lo que viene de nuestra parte parece propiamente a una mano abierta y extendida para recibir los bienes: y lo que Dios contribuye con la suya, es como el almacén o la fuente de los dones que nos hace. La una es la que busca los bienes, y la otra es la que los muestra como es preciso: y la oración es un medio entre nuestra busca y el don de Dios. Ella se dirige a la causa que nos ha producido, que como ella nos ha dado el ser y el bienestar.

Pero ¿cómo recibirá uno el bienestar, si Dios no se lo da? Y ¿cómo Dios, que únicamente puede darlo, lo dará al que, siendo dueño de sus movimientos, no desdeña de pedirlo? Así, pues, de un lado no haremos nuestra oración con palabras tan sólo, sino que la apoyaremos con la acción; y de otro lado no nos confiaremos tampoco por completo a nuestra acción, sino que pediremos para ella el auxilio del cielo, y uniremos la oración a la acción como la forma a la materia. El poeta, para llevarnos a hacer lo que pedimos y a pedir lo que hacemos, lo ha dicho haciendo una sola cosa de las dos: *No comiences a obrar, sin rogar antes a los dioses terminar lo que vas a emprender.*

Efectivamente, no hay que emprender las buenas cosas como si dependiese de nosotros su éxito sin el socorro de Dios, ni contentarnos tampoco con simples palabras en la oración, sin emplear por nuestra parte el menor esfuerzo para obtener lo que pedimos; porque haciéndolo así, o abrazamos una virtud impía y sin Dios, si puede hablarse así, o no proferimos más que una oración desnuda de obra. Así, lo que hay de impío en el primer partido, arruinará enteramente la esencia de la virtud; y la inacción del segundo destruirá absolutamente la eficacia de la oración. ¿Y cómo puede haber nada bueno en todo lo que hace sin regla de Dios? ¿Cómo lo que se hace según esta regla, no necesita del auxilio de ese mismo Dios? Pero la virtud es la imagen de Dios en el alma racional; y toda imagen necesita de un original para existir; así es inútil que poseamos esa imagen si no tenemos continuamente los ojos puestos en ese original, cuya semejanza hace sólo lo bueno y lo bello.

Si queremos, pues, adquirir la virtud activa, es preciso rogar; pero rogando hay que obrar. Y he ahí lo que hace que miremos siempre a la divinidad y la luz que la circunda, y lo que nos excita a la filosofía, obrando siempre y dirigiendo siempre nuestras oraciones a la primera causa de todos los bienes. *Porque la fuente de la naturaleza cuyo curso es eterno*, el sagrado cuaternario, es la causa primera, no sólo del ser de todas las cosas, sino de su bienestar, que extiende y siembra en este universo el bien que le es propio como una luz incorruptible e inteligente. El alma que se aproxima a esa causa, y que se purga como el ojo para ver más claramente y de modo más sutil, se excita a la oración por su aplicación a las buenas obras; y por la plenitud de los bienes que resultan de la oración aumenta su aplicación, uniendo a las palabras las buenas obras, asegurando y fortificando esas buenas acciones por esa conversación divina. Ya encontrando e ingiriendo por ella misma, ya iluminada hace lo que pide por las oraciones, y pide lo que por las oraciones hace. He ahí por qué esa unión es tan necesaria entre la acción y la oración.

Pero ¿cuáles son las ventajas que vienen de esos dos medios unidos? Es lo que vamos a ver enseguida.

49

CUANDO TE HAYAS FAMILIARIZADO CON ESTA COSTUMBRE,

50

CONOCERÁS LA CONSTITUCIÓN DE LOS DIOSES INMORTALES Y DE LOS HOMBRES,

51

HASTA DONDE SE EXTIENDEN LOS SERES, Y LO QUE LES CONTIENE Y UNE.

La primera cosa que promete el autor a los que practiquen el precepto que acaba de darse, es el conocimiento de los dioses, la ciencia teológica, y el discernimiento justo de todos los seres que se derivan de ese sagrado cuaternario, con su diferencia según sus géneros y su unión para la constitución del universo; porque su orden y su rango están expresados aquí por esta palabra constitución. *Hasta donde se extienden,* ésta es su diferencia especial; *y lo que les contiene y une* indica lo que les une según el género. Porque los géneros de las substancias racionales, aunque separados por su naturaleza, se reúnen por el mismo intervalo que les separa. Y el que unos sean primeros, otros medios y otros los últimos, es lo que les separa y al mismo tiempo les une; porque por ese medio los primeros no se hacen intermedios ni últimos; ni los medios, primeros ni últimos; ni los últimos primeros, ni medios, sino que permanecen eternamente distinguidos y separados según su género por los límites que su creador les ha dado. Y así entendemos esa frase:

Hasta donde se extienden los diferentes seres, y para entender lo que sigue: *y lo que les contiene y une* lo examinaremos de esta manera: este universo no sería perfecto, si no contuviese en sí mismo las primeras, medias y últimas partes, como el comienzo, el medio y el fin de todo ese conjunto y composición. Ni las primeras partes serían las primeras, ni irían seguidas de las medias y las últimas, ni las medias serían medias y tendrían en sus dos lados los extremos; ni las últimas, en fin, serían lo que son ni estarían precedidas por las medias y las primeras.

Todos esos diferentes seres sirven conjuntamente a la perfección del todo. Y esto es lo que se quiere indicar aquí diciendo: *lo que les contiene y une.* Como diferentes por su especie están separados; pero como miembros de un solo y mismo todo, se reúnen y se aglomeran; y por esta separación y por esta unión reunidas llenan y acaban toda constitución y ordenamiento de esta obra divina. Constitución que conocerás si llegas a familiarizarte con los bienes de que ya he hablado. No puede hacerse mención sino de los dos extremos, pues los medios no se presentan al espíritu así tan pronto; por eso se contenta con decir: *la constitución de los dioses inmortales y de los hombres*. Porque los primeros seres están ligados a los últimos por los seres medios, y los últimos suben hasta los primeros por mediación de *los genios llenos de bondad y de luz*. He aquí el número y el rango de los seres racionales como lo hemos expuesto al principio, haciendo ver que los primeros en este universo son los *dioses inmortales*, luego los genios bienhechores, y los últimos los demonios terrestres, que aquí llama el poeta *hombres*. El cómo debe conocerse cada uno de esos géneros, es lo que se ha dicho ya en el principio. Debe haber un conocimiento científico de todos esos seres que la tradición nos ha enseñado a honrar, y ese conocimiento no se forma sino en los que han ornado la virtud práctica con la virtud contemplativa, o en quien la bondad de su naturaleza hace pasar de las virtudes humanas a las virtudes divinas; porque conociendo así a los seres tal como han sido establecidos y constituidos por Dios mismo, es elevarse a la semejanza divina. Pero porque después, según el orden de esos seres incorpóreos e inmateriales, viene la naturaleza corporal, que llena este mundo visible y que está sometida a conducta de esas substancias racionales, el poeta muestra a continuación que el bien de la ciencia física o natural será el fruto de esos conocimientos que uno habrá aprendido con orden.

52

CONOCERÁS TAMBIÉN, SEGÚN LA JUSTICIA, QUE LA NATURALEZA DE ESTE UNIVERSO PARA TODO ES SEMEJANTE.

53

DE SUERTE QUE NO ESPERARÁS LO QUE NO DEBE ESPERARSE, Y NADA TE SERÁ OCULTO EN ESTE MUNDO.

Formando la naturaleza este universo sobre la medida y proporción divina, le ha hecho en todo semejante a sí mismo proporcionalmente en diferentes maneras y en todas las diferentes especies que hay esparcidas en él, le ha hecho como una imagen de la belleza divina, comunicando diversamente a la copia las perfecciones del original; así le ha dado al cielo el movimiento perpetuo, y a la tierra la estabilidad, cuyas dos cualidades son, además, rasgos de la semejanza divina. Ha dado al cuerpo celeste el girar alrededor del universo, y al terrestre el servirle de centro. Y como es una esfera, el centro y la circunferencia pueden considerarse en diferentes respectos como su comienzo y su principio. De ahí que la circunferencia sea variada en una infinidad de astros y de seres inteligentes; y que la tierra esté ornada de plantas y de animales que no tienen de común sino el sentimiento. Entre esas dos clases de seres, tan apartados los unos de los otros, él ocupa el lugar del medio, como un animal anfibio; siendo el último de los seres superiores y el primero de los inferiores, es por esto por lo que tanto se une a los inmortales, y por su vuelta hacia el entendimiento y la virtud recobra la suerte que le es propia; cómo se sumerge en las especies mortales, y por la transgresión

de las leyes divinas se despoja de su dignidad.
En efecto, como la última de las substancias
racionales, no puede pensar ni conocer siempre en sí mismo; porque así no sería hombre
sino Dios por su naturaleza; ni conocer siempre, aunque conozca diferentemente algunas
veces, porque eso sería colocarle en el rango
de los ángeles; en cambio, siendo hombre por
la semejanza aquélla, puede elevarse a lo que
hay de mejor, mientras que por su naturaleza
es inferior a los genios llenos de bondad y de
luz y a los *dioses inmortales*, es decir, a los dos
géneros que ocupan el primero y el segundo
rango. Como es inferior a esos seres por no
conocer siempre, y estar a veces en la ignorancia y el olvido de su esencia y de la luz que
desciende de Dios sobre él, así como por no
estar siempre en ese olvido y en esa ignorancia,
está por encima de los animales sin razón, y de
las plantas, y sobrepasa por su esencia toda la
naturaleza terrestre y mortal, como pudiendo
por su naturaleza volver hacia Dios, borrando
su olvido por la reminiscencia, recobrando por
la instrucción lo que ha perdido y curando su
falta y alejamiento del cielo por una conducta
completamente opuesta.

Siendo la esencia humana tal, le conviene conocer la constitución de los *dioses inmortales* y

la de los hombres, es decir, el orden y el rango de los seres racionales, conociendo que la naturaleza de este universo es parecida; es decir, que la substancia corporal, desde lo más superior a lo inferior, está honrada con una semejanza analógica con Dios; y en fin, conocer todas esas cosas, *según la justicia*, es decir, como están establecidas por la ley, como Dios las ha creado, y la manera como están reguladas y ordenadas por sus leyes, así las corporales como las incorporales; porque de unas y otras obras de Dios es preciso entender en común este precepto que ordena conocerlas según la justicia.

En efecto, no es preciso que por un celo ciego e insensato transportemos de unos a otros la dignidad de los seres como se nos antoje; sino, siguiendo los límites de la verdad, es menester conocerlos todos según la justicia, y como la ley de su creador los ha establecido y distinguido. Y de esos dos conocimientos, yo quiero decir, que el de la obra incorporal de Dios y el de la obra corpórea y visible, nos viene un precioso provecho, y es que *no esperaremos lo que no debe esperarse, y nada habrá oculto para nosotros en el mundo*; pues de que la esencia de los seres nos esté oculta, de ahí precisamente que rio esperemos lo que no hay que esperar; y que no tengamos pensamientos vanos que no puedan ejecutarse. Así un hombre que espera convertirse en uno de los *dioses inmortales*, o en uno de los genios llenos de bondad y de luz, no conoce de ningún modo los límites de la naturaleza, ni pone ninguna diferencia entre los seres primeros, segundos y terceros. De otra parte, si por una vergonzosa ignorancia de la inmortalidad de nuestra alma, se persuade de que su alma muere con su cuerpo, espera lo que no debe esperar y lo que no puede ocurrir. Del mismo que el que espera que después de su muerte se revestirá del cuerpo de una bestia, y que se transformará en un animal irracional a causa de sus vicios, o en una planta a consecuencia de su estolidez y tontería, aquel que toma un camino completamente contrario al de los que transforman la esencia del hombre en alguno de esos seres superiores, y la precipita en alguna de las substancias inferiores, se engaña infinitamente e ignora en absoluto la forma esencial de nuestra alma, que no puede cambiar jamás, pues siendo y estando siempre en el hombre, se dice que se hace Dios o bestia por el vicio o la virtud, aunque no pueda ser lo uno ni lo otro por su naturaleza, sino únicamente parecerse al uno o a la otra. En una palabra, el que no conoce la dignidad de los seres y los aumenta o los disminuye, ése hace de su ignorancia un depósito de vanas opiniones y de esperanzas o de temores frívolos, mientras que todo hombre que distingue los seres según los límites que le ha dado su creador, y que los conoce como han sido creados, y que mide a Dios, si así puede decirse, por el conocimiento de sí mismo, ése observa exactamente el precepto que ordena seguir a Dios y conoce la más excelente medida, y se pone en estado de no poder ser nunca engañado ni sorprendido.

54

CONOCERÁS ASÍ QUE LOS HOMBRES SE ATRAEN VOLUNTARIAMENTE SUS MALES, Y POR SU PROPIA ELECCIÓN.

55

MISERABLES COMO SON, NO VEN NI ENTIENDEN QUE

LOS BIENES ESTÁN CERCA DE ELLOS.

56

HAY MUY POCOS ENTRE ELLOS QUE SEPAN LIBRARSE DE LOS MALES.

57

TAL ES LA SUERTE QUE CIEGA A LOS HOMBRES Y LES QUITA EL ESPÍRITU. SEMEJANTES A LOS CILINDROS,

58

RUEDAN DE AQUÍ PARA ALLÁ, SIEMPRE

ABRUMADOS DE MALES SIN CUENTO;

59

PORQUE LA FUNESTA CONTENCIÓN NACIDA

CON ELLOS, Y QUE LES SIGUE, LES AGITA SIN QUE ELLOS LO NOTEN.

60

EN LUGAR DE PROVOCARLA E IRRITARLA, DEBÍAN HUIR DE ELLA CEDIENDO.

Una vez bien conocido el orden de los seres corporales e incorpóreos, la creencia del hombre es así muy exactamente comprendida; conoce uno lo que ella es, y a que pasiones está sujeta; y se sabe que está en el medio entre los seres que no caen jamás en el vicio y los que no pueden elevarse nunca a la virtud. He ahí por qué tiene las dos inclinaciones que esas dos relaciones la inspiran, tanto viviendo allí de una vida intelectiva, tanto tomando aquí afecciones completamente carnales: lo que hace decir a Heráclito con muchísima razón que nuestra vida es la muerte, y nuestra muerte la vida; porque el hombre cae y se precipita en la región de los bienaventurados como dice Empedocles el pitagórico:

Desterrado de la mansión celeste,
errante y vagabundo, va agitado
por las furias de la discordia fiera.

Pero recobra su antiguo hábito si huye a las cosas de aquí abajo y este horrible lugar donde imperan, como dice el mismo poeta,

La ira, el crimen y multitud de males,

y en el cual los que caen,

Yerran, abandonados, por las negras
campiñas de la injuria y de los duelos.

Aquel que huye de esas tristes campiñas de la injuria es llevado por ese buen deseo a la pradera de la verdad, y si la abandona, la caída de sus alas le precipita en el cuerpo terrestre,

Donde bebe a grandes sorbos
El olvido de su dicha.

Y a esto se acuerda el sentir de Platón, que hablando de esta caída del alma, dice: «Pero cuando no tiene fuerza para seguir a Dios no ve ese campo de la verdad; y cuando por cualquier desgracia, llena de vicio y de olvido, se apesadumbra, aplomada, pierde sus alas y cae en esta tierra, donde la ley la envía a animar un animal muerto», y sobre la vuelta del alma al lugar de donde procede, el mismo Platón dice: «El hombre que ha vencido por su razón el desorden y el trastorno que le vienen de la mezcla de la tierra, del agua, del aire y del fuego, vuelve a su primera forma y recobra su primer hábito; porque vuelve sano y entero al astro que le ha sido asignado». Vuelve sano, porque está liberado de las pasiones que son otras tantas enfermedades; y esa curación no le viene sino por medio de la virtud práctica; y vuelve todo entero porque recobra el entendimiento y la ciencia como sus partes esenciales;

lo que no ocurre sino por medio de la virtud contemplativa.

En otra parte el mismo Platón enseña positivamente que es por la huida de las cosas de este mundo por lo que podemos curar y corregir la apostasía que nos aparta de Dios; y establece que esa huida de los males de aquí abajo no es sino la filosofía, indicando por ello que esa clase de pasiones no se encuentran sino en los hombres solos, y que no es posible que los males sean desterrados de la tierra, ni que puedan aproximar a la divinidad, sino que giran alrededor de la tierra que habitamos, y se agregan a la muerte natural, como viviendo de la necesidad sola; porque los seres que están en la generación y en la corrupción pueden afectarse contra la naturaleza; y en el principio de todos los males, y para enseñar cómo hay que evitarlos, Platón añade: «Es por esto por lo que es preciso huir de aquí abajo lo más pronto; pero huir es trabajar por parecerse a Dios cuanto le sea posible al hombre; es asemejarse a Dios, es ser justo y santo con prudencia». Pues aquel que quiere evitar esos males, debe comenzar por despojarse de esta naturaleza mortal, no siendo posible que aquellos que están atracados y rebosantes de ella no dejen de llenarse de todos los males que la necesidad hace germinar en ella.

Así como nuestro alejamiento de Dios, y la pérdida de las alas, que nos elevan hacia las cosas de arriba, nos han precipitado en esta región de muerte, donde habitan todos los males; del mismo modo, el despojamiento de toda afección terrestre y la renovación de las virtudes, como un renacimiento de nuestras alas para remontarnos al lugar de la vida, donde se hallan los verdaderos bienes, sin mezcla alguna de mal, nos llevarán a la felicidad divina. Porque la esencia del hombre estando en el medio entre los seres que contemplan siempre a Dios, y los que son incapaces de contemplarle, puede elevarse hacia los unos y rebajarse hasta los otros, siendo a causa de esa naturaleza ambigua igualmente llevada a tomar la semejanza divina o la semejanza brutal, según reciba o rechace el entendimiento y el buen espíritu.

Aquel que conoce esa libertad y ese doble poder en la naturaleza humana, conoce también cómo los hombres se atraen todos sus males voluntariamente, y cómo son desgraciados y miserables por su propia elección; porque pudiendo permanecer en su verdadera patria se dejan arrastrar desde su nacimiento por el desarreglo de sus deseos; y pudiendo también desligarse prontamente de este miserable cuerpo, se hunden voluntariamente en todos los conflictos y en todos los desórdenes de las pasiones. Esto es lo que el poeta ha querido dar a entender cuando ha dicho: *no ven, ni entienden que los bienes están cerca de ellos.*

Esos bienes son aquí la virtud y la verdad. No ver que están cerca de ellos, es no haber ido por ellos mismos a buscarlos; y no entender que están próximos, es no escuchar las advertencias ni obedecer a los preceptos que los otros les dan; porque hay dos medios para recobrar la ciencia: el uno por la instrucción, como por el oído, y el otro por la indagación, como por la vista. Los hombres son, pues, llamados a atraer sus males por su propia elección, cuando no quieren aprenderlos de los demás, ni encontrarlos por sí mismos, como enteramente privados de sentimiento para los verdaderos bienes, y por ello enteramente inútiles; porque todo hombre que no ve por sí mismo, ni oye a quien le advierte, es por completo inútil y se desespera; pero los que trabajan por encontrar por sí mismos o en oír y aprender de los demás los verdaderos bienes, son aquellos de quienes el poeta ha dicho: *los pocos que saben librarse de sus males,* y que por la huida de los trabajos y penas que uno halla aquí abajo se transportan a un aire puro y libre. El número de ellos es muy pequeño; porque la mayor parte son malos, están sometidos a sus pasiones, y como arrebatados por la inclinación que tienen hacia la tierra, y atraen ellos mismos ese mal por haber querido alejarse de Dios, y privarse de su presencia, y si se puede decir de su familiaridad que han tenido la dicha de gozar cuando habitaron en una luz pura. Este alejamiento de Dios está designado por la suerte que ciega a los hombres y les arrebata el espíritu.

En efecto: es igualmente imposible que aquel que está vacío de Dios no sea insensato y que el insensato no esté vacío de Dios; porque es una necesidad que el loco esté sin Dios y que el que está sin Dios sea loco; y el uno y el otro como no excitados al amor de los verdaderos bienes están abrumados por males sin cuento, yendo de una desgracia a otra, como los cilindros, por el peso de sus acciones impías, no sabiendo qué hacer, ni llegarán a hacer, puesto que se gobiernan sin razón y sin reflexión en todos los estados de la fortuna; insolentes en las riquezas, engañosos y pérfidos en la pobreza, bandidos si tienen fuerza corporal, blasfemos si son valetudinarios y débiles, lloran y se lamentan si no tienen hijos, y si los tienen sacan pretexto de ellos para las guerras, y procesos, y ganancias injustas y deshonestas. Para decirlo todo en una palabra, nada hay en la vida que no lleve al mal a los insensatos, porque están presos por todos lados, y sitiados por el vicio que han abrazado voluntariamente, y por el menosprecio que hacen de ver la luz divina, y de escuchar lo que se les dice de los verdaderos bienes, y abismados en las afecciones carnales, se dejan arrastrar en esta vida como por una tempestad violenta.

La única liberación de todos esos males es la vuelta hacia Dios, y esa vuelta no es sino para los que tienen los ojos y los oídos del alma siempre abiertos y atentos, para recobrar los verdaderos bienes; y que por la facultad que tienen de levantarse curan el mal apegado a nuestra naturaleza. Pero ese mal apegado a nuestra naturaleza, y que es al mismo tiempo un mal adquirido, es el abuso que hacemos de nuestra libertad; porque para usar de esa libertad, tratamos siempre de disputar contra Dios, y de cerrar los ojos a las leyes sin tener en cuenta los grandes males que nos proporcionamos por esa desgraciada opinión de creer poder resistir a Dios, pero viendo sólo con una vista turbada y confusa que no podemos sacudir el yugo de las leyes divinas, he aquí lo que se llama usar de una libertad plena y sin límites, atreverse a apartarse de Dios, a entrar con él en una discusión funesta, disputando obstinadamente en contra y a rehusar ceder a su juicio. Si nos dice, *no harás eso*, eso es lo que queremos hacer; y si nos dice: *haz eso,* es lo que no queremos ejecutar, colmando la medida de nuestras inquietudes, y nos precipitamos por dos lados en una miseria infinita por esa doble transgresión de la ley de Dios, no haciendo lo que ordena, y haciendo lo que prohíbe.

¿Qué remedio encontraremos a esa funesta contención que se dice aquí nos acompaña y nace con nosotros? ¿Qué se excita por ese desgraciado germen que hay en nosotros, siempre opuesto a la naturaleza, y que por esta razón, como un mal doméstico, nos hiere y nos mata sin que podamos apercibirnos? ¿Qué habrá que oponerle? ¿Cómo detener su furia?

Ciertamente que no hay otro dique que oponer a esa facultad que nos precipita acá abajo, que practicar, meditar y amar todos los preceptos que nos ponen en el camino de la virtud divina, pues la liberación de nuestros males es conocida de muy pocas gentes. He ahí lo que nos hace ver y entender los bienes que están cerca de nosotros. He ahí lo que nos libra de las desgracias que nos atraemos voluntariamente; he ahí lo que reduce a esa infinidad de trastornos y pasiones que nos abruman; y por consecuencia, he ahí el único camino para evitar esa contención impía, he ahí la salvación del alma y la purgación de esa discordia desenfrenada, y la vuelta a Dios; pues el único medio de corregir por la facultad que nos eleva, la inclinación que nos rebaja, es no aumentar esa inclinación, y no añadir males sobre males, sino ser obedientes, someterse a la recta razón, huir de esa mala contención, arrojándonos en la contención buena, es decir, combatiendo para obedecer a Dios y para obedecerle con todas nuestras fuerzas. Y este combate no debe llamarse contención, sino aquiescencia a la voluntad de Dios, regreso a su divina ley, sumisión voluntaria y perfecta que cercena todo pretexto para la loca desobediencia y la incredulidad: porque yo creo que todas estas cosas significan estos versos.

Efectivamente: para indicar que los hombres abrazan el vicio por su propia elección, dice el poeta: *Conocerás así que los hombres se atraen voluntariamente sus males, y por su propia elección*. He ahí por qué es menester llamarlos *desgraciados y miserables*; porque se precipitan en el vicio por elección de su voluntad. Para hacer entender que rehúsan obstinadamente escuchar los buenos preceptos que se les dan, dice que *no ven ni entienden que los bienes están cerca de ellos.* Y para indicar que es posible librarse de esos males donde uno se arroja voluntariamente, infiere esta reflexión: *Hay muy pocos entre ellos que sepan librarse de esos males,* y así hace ver que si esa liberación es efecto de nuestra voluntad, la esclavitud del pecado lo es también por consecuencia. Después añade la causa de la ceguedad y la sordera de esas almas que se precipitan voluntariamente en el vicio: *tal es la suerte que ciega a los hombres y les quita el espíritu,* pues el alejamiento de Dios nos arroja necesariamente en la locura y en la elección temeraria y sin reflexión. Y es ese alejamiento, lo que designa aquí por la palabra suerte, lo que nos destierra del coro de los espíritus divinos por la desgraciada inclinación hacia este animal particular y mortal. Él nos muestra las consecuencias funestas de esa elección temeraria e inconsiderada, y nos enseña como nuestros pecados son al mismo tiempo voluntarios e involuntarios; al comparar la vida del loco con el movimiento de un cilindro que se mueve al mismo tiempo en sentido circular y rectilíneo; circular por sí mismo y recto por su caída. Pues como el cilindro no es capaz de movimiento circular alrededor de su eje desde que está inclinado y se aleja de la línea recta; del mismo modo el alma tampoco conserva los verdaderos bienes en cuanto se desvía de la recta razón, y de la unión con Dios: pero guía alrededor de los bienes aparentes y es arrebatada fuera del hilo recto, sacudida por las afecciones carnales, lo que él explica con estas palabras: *Ruedan de aquí para allá, siempre abrumados de males sin cuento.*

Y puesto que la causa de esa suerte que quita el espíritu a los hombres y los aleja de Dios, es el abuso que hacen de su libertad, enseña en los dos versos siguientes, cómo es menester corregir ese abuso, y servirse de esa misma libertad para volver e Dios: así, para insinuar que sacamos de nosotros nuestros males porque queremos, dice: *La funesta contención nacida con ellos, y que les sigue, les agita sin que ellos lo noten.* E inmediatamente después, para hacer ver que el remedio está en nuestro poder, añade: *En lugar de provocarla e irritarla, debían huir de ella cediendo.* Pero se percibe al mismo tiempo que tenemos previamente necesidad del socorro de Dios para evitar los males, y para adquirir los bienes, y añade de pronto una especie de oración, y hace hacia Dios un regreso y entusiasmo, único medio de atraerse su auxilio.

61

GRAN JÚPITER, PADRE DE LOS HOMBRES, VOS LES LIBRARÍAIS DE TODOS LOS MALES QUE LES ABRUMAN,

62

SI LES MOSTRASEIS CUÁL ES EL DEMONIO DE QUE SE SIRVEN.

63

PERO TEN ÁNIMO: LA RAZA DE LOS HOMBRES ES DIVINA.

64

LA SAGRADA NATURALEZA LES DESCUBRE LOS MISTERIOS MÁS OCULTOS.

65

SI ELLA TE HACE PARTE DE SUS SECRETOS, TÚ LLEGARÁS FÁCILMENTE AL FIN DE TODAS LAS COSAS QUE TE HE ORDENADO.

66

Y CERRANDO TU ALMA, LA LIBRARÁS DE TODAS ESAS PENAS Y DE TODOS ESOS TRABAJOS.

Los pitagóricos se han acostumbrado a designar a Dios padre y creador de este universo por el nombre de Júpiter (Zeus), que en la lengua original está sacado de una palabra que significa *la vida*; porque aquel que ha dado el ser y la vida a todas las cosas debe ser llamado con un nombre sacado de esas facultades.

Y el nombre de Dios, aquel que le es verdaderamente propio, es el que conviene más a esas operaciones, y que indica más evidentemente sus operaciones. Hoy entre nosotros, los nombres que nos parecen más propios, el azar y la convención de los hombres los producen más frecuentemente que la propiedad de su naturaleza, como parece por una infinidad de nombres impuestos contra la naturaleza de los seres, a los que se les da conviniéndoles tanto como si se llamase desgraciado a un hombre de bien, o impío a un hombre piadoso. Porque esa clase de nombres no tienen la conveniencia que deben tener los nombres, donde no hay rastros de la esencia y de las virtudes de las cosas a las cuales se les impone. Pero esa conveniencia y esa propiedad debe buscarse sobre todo en los nombres de las cosas eternas, y entre las eternas en las divinas, aun entre éstas en las más excelentes.

He ahí por qué el nombre de Júpiter (Zeus) es en el sonido mismo un símbolo y una imagen de la esencia que lo ha creado todo, porque los primeros que han impuesto los nombres, han hecho por la sublimidad de su sabiduría, como los estatuarios excelentes; por los nombres mismos han expresado, como por imágenes animadas, las virtudes de aquellos a quienes los han dado, pues han hecho en el sonido mismo de ellos un símbolo de sus pensamientos, y de sus pensamientos imágenes muy semejantes e instructivas de las cosas sobre que han pensado.

Efectivamente, esas grandes almas, por su continua aplicación a las cosas inteligibles, como abismados en la contemplación y, por decirlo así, preñados de ese comercio, cuando han sentido los dolores del parto para dar a luz sus pensamientos, los han escrito en el sonido de los términos, y han dado a las cosas los nombres por el sonido mismo y por las letras empleadas para formarlos, expresando perfectamente las especies de las cosas nombradas, y han conducido al conocimiento de su naturaleza a los que los han oído bien: de suerte que el fin de su contemplación ha sido para nosotros el comienzo de la inteligencia. Es por eso por lo que el creador de todas las cosas ha sido llamado por esos grandes genios el Cuaternario unas veces y Júpiter (Zeus) otras.

Así lo que se pide aquí por esta oración es lo que él extiende sobre todos los nombres, a causa de su bondad infinita; pero depende de nosotros recibir lo que él da sin cesar. Se ha dicho antes: *no comiences a obrar sin rogar antes a los dioses,* para dar a entender que los dioses están siempre prestos a dar los bienes; pero no los recibimos sino cuando los pedimos y cuando tendemos la mano a esa distribución divina, pues el que es libre no recibe los verdaderos bienes si no lo quiere, y esos verdaderos bienes son la verdad y la virtud que, emanando siempre de la esencia del creador, iluminan siempre y de la misma manera a los ojos de todos los hombres. Y aquí esos versos, para la liberación de nuestros males, piden, como una cosa necesaria, que conozcamos nuestra propia esencia, y esto es lo que significa este verso: *cuál es el demonio de que se sirven,* es decir, *cuál es su alma.* Porque de esa vuelta hacia nosotros, de ese conocimiento de nosotros mismos, depende necesariamente la liberación de nuestros males, y la manifestación de los bienes que Dios nos ofrece para hacernos dichosos. Este verso, supone, pues, que si todos los hombres conocieran lo que son, y *cuál es el demonio de que se sirven,* se libertarán de sus males; pero eso es imposible, porque no pueden aplicarse todos a la filosofía, ni recibir todos en conjunto, todos los bienes que Dios ofrece incesantemente para la perfección de la felicidad.

No queda, pues, sino que haya algunos que tengan ánimo para aplicarse a la ciencia que nos descubre ella sola nuestros verdaderos bienes, los bienes que nos son propios, por los únicos que nos libertaremos de los males adjuntos a esta naturaleza mortal, y que nos lleven a la contemplación de esos bienes. Y por eso merecen esos seres colocarse entre los divinos como instruidos por la sagrada naturaleza, es decir, por la filosofía y por poner en práctica todas las reglas del deber.

Y conoceremos, si tenemos algún comercio con esos hombres divinos, aplicándonos sin descanso a las buenas obras y a los conocimientos intelectuales por los cuales únicamente el alma se cura de las pasiones y se liberta de los trabajos de aquí abajo transportándose en un orden y en estado completamente divino.

Para abreviar, he aquí cuál es el sentido de estos versos. Aquellos que se conocen a sí mismos se libertan de toda afección mortal. Pero ¿por qué no se libertan todos los hombres, ya que todos tienen el poder innato de conocer su esencia? Pues, porque la mayor parte, como se ha dicho ya, atraen voluntariamente sus desgracias, rehusando ver y entender que sus bienes están cerca de ellos. El pequeño número de los que conocen cuál es el demonio de que se sirven, es muy reducido; y son justamente aquellos que por la filosofía han purgado toda la locura de las pasiones, y que se han retirado de esos lugares terrestres, como de una prisión estrecha.

¿Cómo ha dicho, pues, el poeta a Júpiter (Zeus): *Padre de los hombres, vos les libraríais de todos los males que les abruman, si les mostraseis cuál es el demonio de que se sirven?* ¿Es para dar a entender que de él depende el llevar todos los hombres a la verdad, a pesar de ellos, y que rehúsa hacerlo, o por negligencia o por un designio, a fin de que permanezcan eternamente en la esclavitud? Eso no puede entenderse sin impiedad. El poeta quiere más bien enseñar por eso que aquel que quiere llegar a la felicidad debe recurrir a Dios como a su padre; porque Dios es el creador de todos los seres y el padre de los bienes. Aquel que sabe en qué consiste la liberación de los males, que se libra de las desgracias que los hombres se proporcionan voluntariamente, y que evita la funesta contención por una consecuencia voluntaria, aquél, implorando el auxilio de Dios, exclama: *¡Júpiter* (Zeus), *padre de los hombres!* Hace la acción de un hijo llamando a Dios su padre, y hace esa reflexión, que si todos los hombres la hiciesen como él la hace, se librarían como él de todos sus males; pero encontrando enseguida que eso no ocurre por falta de Dios, si puede hablarse así, sino de los hombres que se atraen voluntariamente sus males, se dice a sí mismo *ten ánimo*, tú que has encontrado el verdadero camino para librarte de tus males: y ese camino es la vuelta que la sagrada filosofía nos hace dar hacia los bienes que Dios nos presenta sin cesar, y que la mayor parte de los hombres no ven, pues se sirven mal de las nociones comunes que Dios tiene como plantadas en todo ser racional a fin de que se conozca a sí mismo.

Pero puesto que para mostrar alguna cosa a alguien es preciso que las acciones de dos personas concurran necesariamente, ¿cómo mostraréis algo a un ciego, aunque se lo presentéis mil veces? ¿O cómo se lo mostraréis al que tiene vista, si no le presentáis lo que queréis que vea? Las dos cosas son necesarias. Por parte del que muestra, es preciso una presentación, y por parte de aquel a quien se muestra, una vista capaz de ver; así de un lado el objeto y de otro la vista concurren para el conjunto y que nada deje de mostrarse.

Esto sentado, imaginamos en hipótesis que todos los hombres se librarían de sus males, si Dios que les ha creado les mostrase y enseñara a conocerse a sí mismos y a conocer cuál es el demonio a que sirven; pero vemos, sin embargo, que todos los hombres no se libran de sus males. Dios no se muestra, pues, a todos los hombres igualmente, sino a los que concurren por su parte a esa liberación y que quieren abrir sus ojos para ver y contemplar lo que Dios les muestra y para recibirle. Y por consecuencia Dios no es la causa de que no se muestre a todos los hombres, sino que son ellos los que no ven ni entienden que los bienes están cerca de ellos, y he ahí por qué decimos que se proporcionan voluntariamente sus males. La falta está en aquel que escoge, y Dios no es de ningún modo culpable, exponiendo sin cesar los bienes a los ojos de todos los hombres, pero no mostrándoles siempre a todos, puesto que en la mayor parte, los ojos del alma, que son los únicos capaces de ver esos bienes ofrecidos sin cesar, están cerrados y siempre mirando hacia la tierra por el mal hábito que han contraído de detenerse siempre en lo que hay de malo. Y esta explicación que damos a estos versos, se acuerda con la verdad y confirma el sentido de los versos precedentes.

En efecto: si depende de Dios atraer a todos los hombres a la verdad, a pesar de ello, ¿por qué les acusamos a ellos de proporcionarse sus males voluntariamente y por su falta? ¿Por qué les impelimos a no excitar la contención, sino a huirla cediendo? ¿Por qué ordenarles soporten dulcemente los accidentes que les ocurren, hacer esfuerzos para corregirlos y para curarlos? Porque todo camino para la virtud por la instrucción está enteramente cerrado si se quita el libre arbitrio. Nosotros no debemos practicar, ni meditar, ni amar el bien, si es Dios solo quien debe librarnos del vicio y llenarnos de virtud sin que por nuestra parte contribuyamos a ello.

Pero de esa manera la causa de los vicios de los hombres caería sobre Dios mismo. Pero si Dios no es el autor de los males, como ya se ha demostrado, es evidente que nuestro alejamiento de los bienes procede únicamente de nosotros mismos, que no vemos ni entendemos que están cerca nuestra, y en nosotros según las nociones que la naturaleza nos ha comunicado creándonos. Y la sola causa de esa ceguedad y sordera, es la triste contención, mal que abrazamos voluntariamente, y así en vez de aumentarla y dejarla crecer, debemos huirla cediendo, aprendiendo a librarnos de nuestros males, y a encontrar el camino para volver a Dios; porque por ese medio la luz de Dios y nuestra vista concurren para la perfecta manera de mostrar, que opera la libertad del alma, su liberación de todos los trabajos de aquí abajo, el sentimiento vivo de los bienes celestes y el llamamiento a su verdadera patria.

El poeta, habiendo tratado así de la verdad y de la virtud, y habiendo terminado los preceptos de la virtud por el examen que quiere que se haga de noche y puesto las esperanzas de la verdad hasta en la libertad del alma y la liberación de todos sus males, habla enseguida de la pureza que da alas al cuerpo luminoso, y añade así una tercera suerte de filosofía a las dos primeras.

67

ABSTENTE DE LAS CARNES QUE HEMOS PROHIBIDO EN LAS PURIFICACIONES.

68

Y RESPECTO DE LA LIBERACIÓN DEL ALMA, DISCIERNE LO JUSTO, Y EXAMINA BIEN TODAS LAS COSAS.

69

DEJÁNDOTE SIEMPRE GUIAR Y CONDUCIR POR EL ENTENDIMIENTO QUE VIENE DE ARRIBA Y QUE DEBE TENER LAS RIENDAS.

Habiendo recibido de Dios su creador la ciencia racional un cuerpo conforme a su naturaleza, desciende aquí abajo de manera que no es ni cuerpo ni sin cuerpo, pero siendo incorpórea, tiene, sin embargo, su forma determinada por el cuerpo. Como en los astros, su esencia incorporal es su parte superior, y la inferior una esencia corpórea. El Sol mismo, es un todo compuesto de corpóreo e incorpóreo, no como dos partes que han sido separadas y se han unido enseguida, pues ellas se separarían enseguida, sino como dos partes creadas juntamente, y nacidas al mismo tiempo con subordinación, de manera que la una guía y la otra sigue. Lo que ocurre en todos los seres racionales, así en los héroes (*genios*), como en los hombres, porque el genio es un alma racional con un cuerpo luminoso, y parecidamente el hombre es un alma racional con un cuerpo mortal creado con aquélla. Y he ahí cuál fue el dogma de Pitágoras, que Platón ha explicado mucho tiempo después, comparando el alma divina y el alma humana a un carro alado con dos caballos y un cochero que le guía.

Para la perfección del alma, tenemos necesidad de la verdad y de la virtud, y para la purgación de nuestro cuerpo luminoso necesitamos limpiarnos de todas las manchas de la materia, recurrir a las santas purificaciones, y servirnos de la fuerza que Dios nos ha dado para excitarnos a huir de esos lugares. Eso es lo que nos han enseñado los versos precedentes. Suprimen las manchas de la materia por este precepto: *abstente de las carnes que hemos prohibido.* Nos ordenan unir a esta abstinencia, la purificación sagrada y la fuerza divinamente inspirada, lo que dan a entender un poco obscuramente por estos términos: *y en las purificaciones y respecto de la liberación del alma.* En fin, trabajan por dar forma a la esencia humana, entera y perfecta, añadiendo: *dejándote siempre guiar y conducir por el entendimiento que viene de arriba y que debe tener las riendas.* Pues por ello, el poeta pone ante los ojos toda la esencia humana, y distingue el orden y el rango de los portes que la componen. Lo que dirige, es como el cochero, y lo que sigue y obedece es como el carro. Esos versos enseñan, pues, a los que quieren entender los símbolos de Pitágoras y obedecerle, que practicando la virtud y abrazando la verdad y la pureza es como se debe cuidar de nuestra alma y de nuestro cuerpo luminoso, al que los oráculos llaman *el vehículo sutil del alma.*

Pero la pureza de que habla aquí se extiende hasta las carnes, los brebajes y a todo el régimen de nuestro cuerpo mortal en el cual es el cuerpo luminoso quien inspira la vida al cuerpo inanimado y contiene y encierra toda su harmonía; porque el cuerpo inmaterial es la vida, y el que produce la vida del cuerpo material, por lo que nuestro cuerpo mortal se

completa, estando compuesto de la vida inmaterial y del cuerpo material; y la imagen
del *hombre*, que es propiamente el compuesto
de la esencia racional y del cuerpo inmaterial.

Puesto que estamos en el hombre y el hombre está compuesto de esas dos partes, es evidente que debe purgarse y perfeccionarse en
ambas, y para ese efecto es menester seguir
las vías convenientes para la purgación de esas
dos naturalezas, porque hay para cada una una
purgación diferente. Por ejemplo, para el alma
racional, por relación a su facultad de razonar y de juzgar, su purgación es la verdad que
produce la ciencia, y con relación a su facultad de deliberar y opinar, es la consulta: pues
habiendo nacido para contemplar las cosas de
arriba y para regular las de aquí abajo, para las
primeras necesitamos de la verdad, y para las
segundas de la virtud civil, a fin de que nos
apliquemos por completo a la contemplación
de las cosas eternas y a la práctica de todos
nuestros deberes. Y en las dos evitaremos los
tormentos que excita la locura, si obedecemos
exactamente las leyes divinas que nos han sido
dadas; porque es justamente de esa locura de
lo que debemos purgarnos en nuestra esencia
racional, ya que por esa locura tenemos inclinación por las cosas de aquí abajo. Pero puesto

que a nuestro cuerpo luminoso está unido un cuerpo mortal, es menester también purgarle de ese cuerpo corruptible, y librarle de las simpatías que ha contraído con él.

No queda, pues, sitio la purgación del cuerpo espiritual, y es preciso hacerla según los oráculos sagrados y el santo método que enseña el arte. Pero esta purgación es en algún modo más corporal, he ahí por qué se emplean en ellas toda suerte de materiales para curar en todas maneras ese cuerpo vivificante, y para obligarle por esa operación a separarse de la materia y a remontarse hacia los lugares felices donde su primera felicidad le había colocado, y todo lo que se hace para la purgación de ese cuerpo, si se hace de una manera digna de Dios y sin prestigios, se encuentra conforme con las reglas de la verdad y de la virtud; porque las purgaciones del alma racional y del vehículo luminoso se hacen a fin de que ese vehículo, haciéndose alado por su medio, no retarde su vuelo hacia los lugares celestes.

Pero lo que contribuye más a hacer nacer esas alas, es la meditación por la cual se aprende poco a poco a huir de las cosas terrestres: ésa es la costumbre de las cosas inmateriales e inteligibles, es el desprendimiento de todas las manchas que ha contraído por su unión con ese cuerpo terrestre y mortal. En efecto, por esas tres cosas revive en algún modo, recoge, se llena de fuerza divina y se reúne a la perfección inteligente del alma.

Pero se dirá: ¿en qué y cómo la abstinencia de ciertas viandas contribuye a tan grandes cosas? Ciertamente, para los que están acostumbrados a separarse de todas las cosas mortales, si se abstienen todavía en absoluto de ciertas viandas, y sobre todo de las que rebajan el entendimiento y arrastran el cuerpo mortal a la generación, no hay que dudar que eso no sea un gran auxilio y un gran avance para su purgación. He ahí por qué, en los preceptos simbólicos, se ordena esa abstinencia, que en el fondo y en el sentido místico tiene verdaderamente un sentido principal y más amplio, pero que a la letra no deja de tener el que presenta y prohíbe positivamente lo que se indica en el precepto. Así, cuando se dice: *No comerás matriz de animal,* eso, tomado a la letra, nos prohíbe comer una cierta parte, que es muy pequeña; pero si penetramos el sentido de esta profundidad pitagórica, por esa imagen sensible y palpable aprendemos a renunciar por completo a todo lo que respecta al nacimiento y la generación. Y como nos abstengamos verdaderamente, y a la letra, de cuidado todo lo que el precepto contiene de más oculto para la purgación del cuerpo luminoso.

Del mismo modo, en este precepto: *No te roerás el corazón,* el sentido principal es que evitemos la cólera; pero el literal y subordinado es que nos vedemos comer esa parte vedada.

Nos explicaremos también el precepto que nos ordena abstenernos de la carne de las bestias muertas de la misma manera y entenderemos que ese precepto quiere apartarnos en general de toda naturaleza mortal, y nos impide participar de todas las carnes profanas y que no son propias de los sacrificios: porque en los preceptos simbólicos es justo obedecer al sentido literal y al sentido oculto. Y no es sino por la práctica del sentido literal cómo se llega al sentido místico, que es el más importante.

Del mismo modo debemos entender aquí que estos versos nos dan en estas dos frases los gérmenes y los principios de las mejores obras. *Abstente,* dice el poeta, *de las carnes*: lo que es como si hubiera dicho: abstente de los cuerpos mortales y corruptibles. Pero puesto que no es posible abstenerse de todos, añade: *que hemos prohibido,* e indica los lugares donde ha hablado de ello: *en las purificaciones y en la liberación del alma;* a fin de que por la abstinencia de las carnes prohibidas, se aumente el esplendor del vehículo corporal, y que se tenga el cuidado que conviene a un alma purificada y libre de las manchas de la materia. Y el justo discernimiento de todas esas cosas, lo deja al entendimiento, que siendo la sola facultad que juzga, es también únicamente capaz de tener del cuerpo luminoso un cuidado que responda a la pureza del alma. He ahí por qué ha llamado a ese entendimiento el cochero, el conductor, que lleva las riendas como creado para conducir el vehículo.

Le ha llamado entendimiento porque es la facultad inteligente, y le llama cochero y conductor porque gobierna el cuerpo y le conduce. Pero el ojo del amor es quien guía al cochero, pues aunque sea un alma inteligente, no es, sin embargo, sino por el ojo del amor por lo que ve el campo de la verdad, y por la facultad que le tiene de la mano retiene el cuerpo que le está confiado, y conduciéndole con sabiduría se hace dueña de él y le vuelve hacia ella, a fin de que toda entera contemple la divinidad y se conforme por completo con su imagen.

He ahí cuál es en general la idea de esa abstinencia de que se habla aquí, y todos los grandes bienes a que nos lleva. Todas estas cosas han sido detalladas en los preceptos sagrados que han sido dados bajo símbolos y velos. Aunque cada uno de esos preceptos ordena una abstención particular, como las habas entre las legumbres, las carnes muertas para los animales, y se señale la especie, como: no comerás salmonete, para los pescados, ni tal animal entre los terrestres, ni tal pájaro entre las aves, y en fin se descienda hasta particularizar ciertas partes, como: *no comerás los sesos; no comerás el corazón*, sin embargo, en cada uno de esos preceptos el autor ha encerrado toda la perfección de la purificación, porque ordena bien tal o cual cosa a la letra para la abstinencia corporal, a causa de ciertas propiedades y virtudes físicas; pero en cada precepto insinúa la purgación de toda afección carnal, y acostumbra siempre al hombre a volverse hacia sí mismo, y sacarlo de ese lugar de generación y de corrupción, elevándole a los Campos Elíseos y al ambiente más puro.

Y puesto que los pitagóricos querían que el progreso de esa abstinencia se hiciese con orden, he ahí de dónde viene que se encuentren en sus escritos símbolos que parecen contradecirse; así, este precepto: *abstente de comer el corazón,* parece contrario a este otro: *abstente de comer los animales,* a menos que el primero no se dirija a los que comienzan y se crea que el último se dirige a los perfectos, pues la abstinencia de una parte del animal es superflua e inútil cuando se ha prohibido ya por completo al animal.

Por esto es menester tener cuidado en el orden de la gradación que hace el autor. *Abstente*, dice el autor, *de las carnes,* y luego, como si se le preguntase de qué clase de carnes, añade: *de aquellas que ya he prohibido,* responde. Y después de eso todavía responde como a una segunda pregunta. ¿En qué lugares los pitagóricos han hablado de esas carnes? ¿En qué tratados han ordenado la abstinencia? A esto es a lo que contesta: *en las purificaciones y respecto de la liberación del alma,* insinuando diestramente así, que las purgaciones preceden y la liberación del alma va después.

Pero las purgaciones del alma racional son las ciencias matemáticas, y su liberación que la saca de arriba es la dialéctica, que es la inspección íntima de los seres; he ahí por qué el autor ha dicho en singular en la liberación del alma, porque esa liberación se refiere a una sola ciencia, y ha dicho en plural, en las purificaciones, porque las matemáticas contienen muchas ciencias. Y todas las cosas, pues, que se han dicho en particular sobre el alma, para su purgación y liberación, es preciso referirlas al cuerpo luminoso de todos semejantes por responder analógica y proporcionalmente. Así hace falta necesariamente que las purgaciones que se hacen por medio de las ciencias vayan acompañadas de las purgaciones místicas de las iniciaciones, y que la liberación que se hace por la dialéctica vaya seguida de la introducción en lo que hay más sublime y elevado. Pues he ahí las cosas que purgan y perfeccionan el vehículo espiritual del alma racional, que la desprenden de la suciedad y del desorden de la materia, y que la hacen propia para conversar con los espíritus puros. Pues no puede lo que es impuro tocar a lo que es puro. Y como es preciso necesariamente ornar el alma de ciencia y de virtud a fin de que pueda estar con los espíritus siempre dotados de esas cualidades, e igualmente para purificar al cuerpo luminoso, desprendiéndole de la materia a fin de que pueda sostener comunicación con los cuerpos luminosos. Pues es la semejanza lo que une todas las cosas, y la desemejanza la que las desune y separa cuando se hallan unidas por su situación.

Y he ahí cuál es la medida que los pitagóricos han dado de la filosofía perfecta para la perfección del hombre entero, esa medida propia y proporcionada: pues el que sólo cuida del alma y descuida el cuerpo no purga al hombre por completo. Y por otra parte, el que cree que sólo debe cuidar del cuerpo sin pensar en el alma, o que el cuidado de aquél sirviera al alma sin que ésta se purgue aparte o por sí misma, comete la misma falta. Pero aquel que cuida de los dos se perfecciona por entero; y de esta manera la filosofía se une al arte místico trabajando en purgar el cuerpo luminoso. Y si ese arte se encuentra desnudo del espíritu filosófico, veréis que no habrá la misma virtud. Porque todas las cosas que llevan a cabo nuestra perfección, han sido inventadas las unas por el espíritu filosófico, y las otras han sido introducidas por la operación mística que es conforme a este espíritu.

Yo llamo operación mística a la facultad purgativa del cuerpo luminoso; a fin de que en toda filosofía la teoría proceda como el espíritu, y que la práctica siga como el acto a la facultad. Pero la práctica es de dos clases: política o civil y mística. La primera nos purga de la locura por medio de las virtudes y la segunda cercena todos los pensamientos terrestres por medio de las ceremonias sagradas.

Las leyes públicas son una buena prueba de la filosofía civil y los sacrificios de las poblaciones lo son de la filosofía mística. Pero lo que hay de más sublime en toda la filosofía es el espíritu contemplativo. El espíritu político está en segundo lugar y el místico en tercero. El primero, por su relación con los otros, ocupa el lugar del ojo, y los demás con relación al primero residen en el pie y en la mano. Pero están los tres tan íntimamente ligados que cuando uno de ellos es imperfecto la operación de los otros es casi inútil. Por eso es preciso unir a la ciencia que encuentra la verdad, la facultad que produce la virtud y la que produce la pureza, a fin de que las acciones políticas sean conformes con la inteligencia que conduce y que las acciones santas respondan a una y otra.

He ahí el fin de la filosofía pitagórica que debe bastarnos para llegar a los bienes divinos, a fin de que cuando llegue el momento de la muerte, dejando en esta tierra el cuerpo mortal, despojado de su naturaleza corruptible, estemos prestos para el viaje celeste, como los atletas de los sagrados combates de la filosofía: pues cuando regresemos a nuestra antigua patria seremos deificados, en cuanto es posible a los hombres divinizarlos. Pero esto es lo que nos promete en los dos versos siguientes:

70

Y CUANDO, DESPUÉS DE HABERTE DESPOJADO DE TU CUERPO MORTAL, SEAS RECIBIDO EN EL AIRE PURO Y LIBRE,

71

SERÁS UN DIOS INMORTAL, INCORRUPTIBLE, A QUIEN NO DOMINARÁ LA MUERTE.

He aquí el fin gloriosísimo de todos nuestros trabajos; he aquí, como dice Platón, el gran combate y la gran esperanza que se nos propone: he aquí el fruto perfectísimo de la filosofía; es la obra más grande y más excelente del arte del amor, de ese arte místico, de elevar y establecer en la porción de los verdaderos bienes, de librar de los trabajos de aquí abajo, como del calabozo obscuro de la vida terrestre, de atraer a la luz celeste y de colocar en las sillas de los bienaventurados a los que han ido por las vías que acabamos de enseñarles. A ésos es a quien se reserva el inestimable premio de la divinización; porque no es permitido llegar al rango de los dioses sino al que ha adquirido para el alma la verdad, y la verdad y la virtud, y para su vehículo espiritual la pureza.

En efecto: hecho por eso sano y entero, se restablece en su primer estado, así que se ha recobrado por sí mismo por su unión con la recta razón, que ha reconocido el ornamento todo divino de este universo, y que ha encontrado al autor y creador de todas las cosas, en cuanto puede ser hallado y encontrado por el hombre. Llegado, pues, tras la purificación a ese alto grado en el que están siempre los seres cuya naturaleza no es descender en la generación, se une por sus conocimientos a todo y se eleva hasta Dios. Pero puesto que tiene con él un cuerpo que ha sido creado, necesita de un lugar donde sea colocado como en el rango de los astros; y el lugar más conveniente para un cuerpo de esa naturaleza es el lugar que está inmediatamente debajo de la Luna, como situado por encima de los cuerpos terrestres y corruptibles, y debajo de los cuerpos celestes, lugar que los pitagóricos llaman *éter puro*.

Éter, como inmaterial y eterno, y *puro*, como exento de pasiones terrestres.

¿Qué será del que ha llegado a eso? Será lo que estos versos prometen, *un dios inmortal* hecho a semejanza de los *dioses inmortales* de los que se ha hablado al principio; un dios inmortal, digo, no por naturaleza, pues ¿cómo podría el que ha progresado en la virtud durante cierto tiempo, y cuya divinización ha comenzado, ser igual a los dioses de toda eternidad? Eso es imposible, y para hacer esa excepción y para señalar la diferencia que debe haber, dice: *serás un dios inmortal, incorruptible, a quien la muerte no dominará*, a fin de que se entienda que es una divinización que se hace sólo por el desprendimiento de lo que es mortal, una divinización que no es un privilegio añadido a nuestra naturaleza y a nuestra esencia, sino que llega poco a poco y por grados, de manera que es una tercera especie de dioses. Son inmortales en cuanto suben al cielo, y mortales en cuanto descienden a la tierra; y en eso inferiores a los genios llenos de bondad y de luz. Estos se acuerdan siempre de Dios y aquéllos le olvidan algunas veces, pues no puede ser que el tercer género, aunque se haga perfecto, llegue a ser el segundo o igual al primero; pero permaneciendo siempre el tercero, se hace parecido al primero, aunque subordinado al segundo; por la semejanza que los hombres tienen por la conexión o el hábito con los dioses celestes, se encuentra ya más perfecta y natural en los seres del segundo rango, es decir, en los héroes (*genios*).

Así no hay más que una sola y misma perfección que es común a todos los seres racionales, y es la semejanza con Dios que les ha creado; pero he aquí que hay una diferencia. Esta perfección se encuentra siempre, y siempre lo mismo, en los seres celestes, y siempre, pero no siempre lo mismo, en los seres etéreos que son fijos y permanentes en su estado; y no se encuentra siempre ni siempre lo mismo en los etéreos sujetos a descender sobre la tierra. Si alguien se aventurara a decir que la primera y más perfecta semejanza con Dios *es el ejemplar y el original de esas dos*, o que el segundo es el tercero, diría muy bien. Nuestro objeto no es sólo parecemos a Dios, sino parecemos y aproximarnos lo más que se pueda a ese original perfectísimo o llegar a la segunda semejanza. Si no podemos llegar a esa más perfecta semejanza, adquiriremos la de que somos capaces, tendremos, como los seres más perfectos, todo lo que es según nuestra naturaleza, y a eso mismo añadimos los frutos perfectos de la virtud cuya medida conocemos por nuestra esencia y la soportamos sin quejarnos; pues el colmo de la virtud es mantenerse en los límites de la creación por los cuales todas las cosas se distinguen y colocan según su especie, y se someten a las leyes de la providencia, que ha distribuido a cada cosa el bien que le es propio según sus facultades y virtudes.

EPÍLOGO

He ahí el comentario que hemos juzgado a
propósito hacer sobre estos *Versos de Oro*; es
un sumario de los dogmas de Pitágoras, que
no es muy extenso ni muy sucinto. No era
menester que nuestra explicación imitase la
brevedad del texto; porque hubiéramos dejado
mucha obscuridad, y no hubiéramos podido
hacer sentir la razón y la belleza de todos esos
preceptos; ni que abrazase también toda esa
filosofía, porque eso hubiera sido muy vasto y
demasiado extenso para un comentario; pero
se ha procurado proporcionar, en cuanto ha
sido posible, el comentario al sentido que esos
versos contienen, refiriendo a los dogmas de
Pitágoras lo que podía convenir y servir para
la explicación de estos versos. Porque estos
Versos de Oro tienen propiamente el carácter
perfectísimo de la filosofía, de resumen de
los principales dogmas y de los elementos de
perfección que los hombres que han ido de-

lante en el camino de Dios, y a quienes las virtudes han llevado al cielo y al colmo de la felicidad, han dejado a sus descendientes para instruirlos, elementos que pueden llevarse seguramente la más grande y mas bella señal de la nobleza del hombre, y que no son los sentimientos de un particular, sino la doctrina de todo el cuerpo sagrado de los pitagóricos, y como el grito de todas sus asambleas. Es por eso por lo que tenían una ley que les mandaba a cada uno levantarse todas las mañanas al salir el sol y todas las noches al acostarse leer estos versos como los oráculos de la doctrina pitagórica, a fin de que por la meditación continua de estos preceptos, se hiciese ver en el espíritu, vivo y animado, al maestro.

Y es lo que nosotros hemos hecho también para experimentar y sentir en fin toda la utilidad que contienen.

NOTAS

[1] Basta recordar solamente que en arquitectura los egipcios disponían de leyes de precisión cuya comprobación en tantos monumentos gigantescos, constituye todavía para nosotros un enigma indescifrable. Lo mismo puede decirse de ciertos conocimientos de los egipcios en química, metalurgia, etc. Se sabe también que conocían varios movimientos de nuestro planeta, su forma esférica, etc. En cuanto a sus enseñanzas cosmogónicas y religiosas, es de suponer que, lejos de derivar de la filosofía oriental como algunos autores pretenden, las habían recibido los sacerdotes egipcios de la antigua raza roja, a la cual atribuyen algunos, la famosa esfinge, por ser este extraño monumento de una época anterior a la civilización egipcia.

[2] Sabían predecir los eclipses y en general el movimiento de los astros, por un sistema matemático y conocían, como los egipcios, el sistema heliocéntrico. El mundo occidental adoptó su división del tiempo y su división del círculo en 360 grados. Inventaron el cuadrante solar, etc.

[3] Los *Prólogos*, atribuidos a Lysis.

[4] Pitágoras descubrió la *fisiognomía* o *fisionología*, arte de conocer el carácter del individuo por su fisonomía.

[5] Traducción de Garrido Ramos.

[6] La Biblia dice también: «Dios creó al hombre a su semejanza». Debemos a Pitágoras el vasto sentido que atribuimos a la palabra «mundo» cuando la aplicamos al universo. El gran filósofo fue el primero que empleó esta expresión (*Kosmos*) por considerarla más propia que otra a la designación del Gran Todo.

[7] Pitágoras, por considerar que sólo a Dios conviene el nombre de *sabio* (*sopho*), se tituló a sí mismo *filósofo*, es decir, «amigo del saber».

[8] Pitágoras decía que la sabiduría enseña que conviene ser tres por lo menos en los paseos apartados, no más de diez a mesa y uno sólo al baño.

[9] Ver lo que dice Jámblico en *Vida pitagórica*.

[10] Este principio no se aplicaba, como es natural, a los hombres de una categoría moral elevada, que han practicado una vida austera. Por eso, Pitágoras se casó a los sesenta años con una de sus jóvenes adeptas y tuvo de ella dos hijos y una hija, considerando esta unión como la consagración de su obra. Estimaba la fusión de los principios masculino y femenino como uno de los misterios más trascendentales de la Naturaleza, viendo este enlace de un orden superior —del cual podían nacer seres escogidos— como el cumplimiento de un sagrado deber.

[11] Por ejemplo: *Principio de unidad de la Vida*, que trae como consecuencia la sumisión del hombre a las leyes Naturales.

[12] Las cosas son distintas por su propia existencia, sin ser necesariamente diferentes.

[13] Esto significa aquí «los mejores ciudadanos».

[14] Como por ejemplo: el mantenimiento de un ejército; la institución en éste de mujeres comunes a los guerreros y algunas consideraciones antivegetarianas, puntos todos que se encuentran desarrollados en *La República* de Platón.

[15] André Dacier.

[16] El *Cero* evocaría entonces la noción del *no-ser*, o sea, la nada universal que ha precedido a la creación del mando extraña a la *Mónada* (uno primero).

[17] Los *Versos de Oro*, versión de Fabre d'Olivet.

[18] Nunca se ha podido asegurar si Pitágoras escribió sus enseñanzas o si las dictó a sus discípulos. Plutarco dice que el filósofo no quería «que misterios tan santos se divulgasen por las letras muertas». Sin embargo, se sabe que Dion compró, por consejo de Platón, tres bi-

blias que Pitágoras había confiado a su hija Damo Trataban, una de la educación, otra de la política y la tercera de la Naturaleza.

[19] O bien, una cabeza de hombre, con el índice puesto sobre los labios.

[20] Esta obra contiene alrededor de tres mil sentencias de procedencias diversas y que no están todas conformes con la filosofía pitagórica. Hemos intentado hacer una selección más correcta.

[21] Hemos intentado resumir en esta sentencia ciertos conceptos pitagóricos.

[22] Tenía dos sexos. (Herodoto)

[23] Esto se refiere en particular a la economía doméstica.

[24] Los pitagóricos pretendían que las acciones y éxitos de los hombres eran consecuentes con sus nombres. (Sabbathier)

[25] Metáfora significando que los hombres poco esclarecidos no aceptan las leyes sabias más que cuando se las presentan bajo un aspecto que hace vibrar su espíritu supersticioso.

[26] Hemos intentado condensar en esta sentencia la idea implícitamente expresada en diversos preceptos pitagóricos.

[27] Este precepto tiene como sentido simbólico: «Sé discreto sobre las sabias razones que inspiran tus leyes, pero haz estas claras y honradas». La noche está también considerada por los espiritualistas como propicia a las inspiraciones elevadas.

[28] Esta sentencia parece referirse, más bien, a los «pedagogos» pretenciosos que quisieron suplir a los padres, pues Dacier dice: «Pitágoras fue el primero que estableció para la juventud maestros pagados por el erario público».

[29] Célebre metáfora de Pitágoras a la que sus discípulos añadían a manera de comentario: «Llama a los hombres hastiados hada los placeres sencillos de la naturaleza». (Anónimo)

[30] Este precepto simbólico se convirtió en proverbio cuando pasó a la posteridad. (Anónimo)

[31] Como ya se ha dicho en otra parte de este libro, Pitágoras juzgaba que la masa de los individuos dominados por instintos egoístas no es

digna de una libertad más grande que aquí las que pueden proporcionarles gobiernos dulces y equitativos, pero también firmes.

[32] Si desde el punto de vista de la vida material pueden considerarse a los hombres como iguales ante la Naturaleza (lo que determina el principio de igualdad social y económica), conviene no olvidar que no lo son en cualidades morales, en inteligencia, ni en sabiduría. La Naturaleza hizo al hombre miembro de una comunidad en el terreno material y de una jerarquía en el terreno intelectual y moral, leyes que, por otra parte, constituían el fundamento de la Orden pitagórica. Por refractaria que sea la Humanidad actual a la aplicación de estos dos conceptos en la sociedad, nadie se atrevería, sin embargo, a negar que a los hombres más inteligentes y más íntegros incumbe el cuidado de los negocios públicos. Como el principio de comunidad reside en potencia en el fondo de toda aspiración fraternal, su aplicación es como la consecuencia material de ésta.

[33] Pitágoras tuvo el mismo destino.

[34] Como queda dicho, los pitagóricos dividían habitualmente a los hombres en dos grandes categorías, sin distinción por el grado social que ocupaban: los filósofos (individuos que aspiran a su emancipación moral), y los no filósofos (la multitud dominada por sus bajos instintos). Esta sentencia hace alusión a ciertos defectos característicos de los gobernantes y gobernados que pertenecen a esta segunda categoría.

[35] Alusión a la castración practicada en ciertos animales domésticos. Esta sentencia va encaminada a enseñar que los hombres desprovistos de individualidad y de juicio personal, sobre todo, están destinados a la servidumbre.

[36] Puede que algunas sentencias como ésta no parezcan estar exactamente de acuerdo con el criterio que se atribuye generalmente a Pitágoras. Pero ¿ha sido éste siempre bien comprendido?

[37] Ley *favorita* de Pitágoras, citada por Jámblico.

[38] Las leyes de Solón estaban escritas en tablas de madera, movibles alrededor de un eje o pivote.

[39] Numerosos hombres que conquistaron la libertad de los pueblos por las armas se condujeron, poco después, como verdaderos déspotas.

[40] La Minerva (*Palladium*) de Troya se representaba sentada.

[41] Conocidos por Pitágoras, según demuestra su sistema cósmico.

[42] Dios del silencio.

[43] «Respeta a tus servidores.»

[44] Este precepto de previsión y altruismo es practicado todavía en nuestros días en diversos países de Europa.

[45] La comunidad pitagórica constituía una escuela. Louis Claude de Saint-Martin dijo: «La unidad se encuentra raramente en las asociaciones; no existe más que en la comunión individual con Dios».

[46] Efectivamente, los números, los pesos y las medidas como los hombres, diferentes unos de otros, pero iguales a las Leyes de la Naturaleza y solo aplican los hombres este principio en la sociedad cuando llevan la función correspondiente a sus capacidades individuales, para formar así un armonioso organismo en que todas las partes son igualmente útiles.

[47] Esta sentencia tiene varios significados. Enseña, sobre todo, que no se debe juzgar por las apariencias, sino que nuestras opiniones deben proceder de un profundo conocimiento de las cosas.

[48] Esta sentencia fue seguida literalmente por la escuela de Pitágoras.

[49] «No hagas jamás un juramento a la ligera; aléjate antes que cometerlo.»

[50] Newton debe a Pitágoras el germen de su teoría de la gravitación y de su sistema de los colores. (Dutens)

[51] Hemos dado precedentemente, en la nota 27, el sentido simbólico de este precepto.

[52] «Perdónalo todo a las gentes, pero no te perdones nada.» (Dacier)

[53] Se refiere a la vanidad.

[54] Sentencia simbólica de Pitágoras que fue convertida en pueril superstición por sus biógrafos y discípulos. Contiene una lección de sangre fría y de altruismo y enseña que no se debe, para evitar un mal, sacrificar una cosa útil.

[55] Se lee en la *Historia del espíritu humano*, de Saverien: «Pitágoras instruía a las personas de toda condición en el cumplimiento de su deber; y era con tanta dulzura, que se hacía amar de todo el mundo. Jamás ningún filósofo tuvo discípulos más fieles y más agradecidos. En cuanto a su moral, consistía en lo siguiente: observar los preceptos de tolerancia que los hombres se deben mutuamente.

[56] Pitágoras consideraba la lira como el instrumento de música más noble, lo que explica el sentido filosófico de esta sentencia.

[57] «No hables de cosas abstractas a las gentes superficiales.»

[58] «No todos los hombres pueden alcanzar el talento.»

[59] Según los pitagóricos, el asno era insensible a la música.

[60] Ejerce tu lógica contra los bajos instintos de los individuos.

[61] Es decir: «No hay que arrojar buenos preceptos en un alma perversa, porque no haría más que abusar de ellos y corromperlos.» (Dacier)

[62] «No te opongas a la multitud.» (Dacier)

[63] Muy a menudo las obras humanas pierden su prestigio ante el público al conocer éste la personalidad del autor, y las grandes verdades pierden también, según los hombres que las enseñan, más o menos de su autoridad. Pero este precepto hace alusión también a la superstición del vulgo.

[64] Era el empleo favorito de Pitágoras, el único título que aceptaba llevar después del de «filósofo».

[65] «Cuando estalle la guerra civil, dedícate a las pacíficas ocupaciones de la agricultura.»

[66] La materia y el espíritu son idénticos en su esencia.

[67] Célebre axioma de Pitágoras transmitido por su discípulo Timeo.

[68] La Ciencia de los Números, enseñada por Pitágoras descansa sobre este principio: *La unidad multiplicándose por sí misma da la totalidad de los números, y Dios, también multiplicándose por sí mismo llega a ser Todo*. Dios es, por consiguiente, para el Universo, lo que la unidad es para los números. La unidad es el *principio* de los números y Dios es el *principio* del Todo.

⁶⁹ Se traducen todavía más literalmente así: «Toma consejo de la Naturaleza, para que tus obras lleven el sello de ella.»

⁷⁰ Según algunos pitagóricos, el maestro enseñaba a veces que, cuando un hombre ha seguido una vida de depravación, su alma vuelve a renacer en un cuerpo de animal, procurando de este modo el filósofo impresionar a la multitud supersticiosa y egoísta para lograr su más completa temperancia.

⁷¹ Es lástima que estos versos hayan perdido su cadencia y sus rimas con la traducción, es decir, todo su adorno, y ésta no puede dar, por consiguiente, más que una imperfecta idea de la belleza del texto original, que unía las puras razones de la sabiduría a los líricos acentos de la poesía. La presente versión es de Rafael Urbano y se publicó con la traducción en castellano de la obra *Pitágoras*, de André Dacier, publicada por la editorial Maynadé a partir de la versión francesa de Fabre d'Olivet:

Vers Dorés

Préparation
Rends aux Dieux immortels le culte consacré;
Garde ensuite ta foi: Révère la mémoire
Des Héros bienfaiteurs, des Esprits demi-Dieux.

Purification
Sois bon fils, frère juste, époux tendre et bon père.
Choisis pour ton ami, l'ami de la vertu;
Cède à ses doux conseils, instruis-toi par sa vie,
Et pour un tort léger ne le quitte jamais;
Si tu le peux du moins: car une loi sévère
Attache la Puissance à la Nécessité.
Il t'est donné pourtant de combattre et de vaincre
Tes folles passions: apprends à les dompter.
Sois sobre, actif et chaste; évite la colère.
En public, en secret ne te permets jamais
Rien de mal; et surtout respecte-toi toi-même.
Ne parle et n'agis point sans avoir réfléchi.
Sois juste. Souviens-toi qu'un pouvoir invincible
Ordonne de mourir; que les biens, les honneurs
Facilement acquis, sont faciles à perdre.
Et quant aux maux qu'entraîne avec soi le Destin,
Juge-les ce qu'ils sont: supporte-les; et tâche,

Autant que tu pourras, d'en adoucir les traits:
Les Dieux, aux plus cruels, n'ont pas livré les sages.
Comme la Vérité, l'Erreur a ses amants:
Le philosophe approuve, ou blâme avec prudence;
Et si l'Erreur triomphe, il s'éloigne; il attend.
Ecoute, et grave bien en ton coeur mes paroles:
Ferme l'oeil et l'oreille à la prévention;
Crains l'exemple d'autrui ; pense d'après toi-même:
Consulte, délibère, et choisis librement.
Laisse les fous agir et sans but et sans cause.
Tu dois dans le présent, contempler l'avenir.
Ce que tu ne sais pas, ne prétend point le faire.
Instruis-toi: tout s'accorde à la constance, au temps.
Veille sur ta santé: dispense avec mesure,
Au corps les aliments, à l'esprit le repos.
Trop ou trop peu de soins sont à fuir ; car l'envie,
A l'un et l'autre excès, s'attache également.
Le luxe et l'avarice ont des suites semblables.
Il faut choisir en tout, un milieu juste et bon.

Perfection
Que jamais le sommeil ne ferme ta paupière,
Sans t'être demandé: Qu'ai-je omis? qu'ai-je fait?
Si c'est mal, abstiens-toi: si c'est bien, persévère.
Médite mes conseils; aime-les; suis-les tous:
Aux divines vertus ils sauront te conduire.
J'en jure par celui qui grava dans nos coeurs,
La Tétrade sacrée, immense et pur symbole,
Source de la Nature, et modèle des Dieux.
Mais qu'avant tout, ton âme, à son devoir fidèle,
Invoque avec ferveur ces Dieux, dont les secours
Peuvent seuls achever tes oeuvres commencées.
Instruit par eux, alors rien ne t'abusera:
Des êtres différents tu sonderas l'essence;
Tu connaîtras de Tout le principe et la fin.
Tu sauras, si le Ciel le veut, que la Nature,
Semblable en toute chose, est la même en tout lieu:
En sorte qu'éclairé sur tes droits véritables,
Ton coeur de vains désirs ne se repaîtra plus.
Tu verras que les maux qui dévorent les hommes,
Sont le fruit de leur choix; et que ces malheureux
Cherchent loin d'eux-les biens dont ils portent la source.

Peu savent être heureux; jouets des passions,
Tour à tour ballotés par des vagues contraires,
Sur une mer sans rive, ils roulent, aveuglés,
Sans pouvoir résister ni céder à l'orage.
Dieu! vous les sauveriez en désillant leurs yeux...
Mais non: c'est aux humains, dont la race est divine,
A discerner l'Erreur, à voir la Vérité.
La Nature les sert. Toi qui l'as pénétrée,
Homme sage, homme heureux, respire dans le port.
Mais observe mes lois, en t'abstenant des choses
Que ton âme doit craindre, en les distinguant bien;
En laissant sur le corps régner l'intelligence:
Afin que, t'élevant dans l'Ether radieux,
Au sein des Immortels, tu sois un Dieu toi-même!

[72] Aquí «demonio», del griego: *daimon*, «inteligencia», tiene la misma acepción que «genio». Los «demonios terrestres» son los hombres que han sido buenos y virtuosos, y Hierocles dice a propósito en sus *Comentarios sobre los Versos de Oro:* «Obedecer sus reglas y conformar la vida con ellas, es honrarles más verdadera y sólidamente que si se hiciesen sobre sus tumbas libaciones exquisitas y se les ofrecieran suntuosos sacrificios».

[73] En el original nunca se dice *genios*, sino *héroes*. Yo he traducido, sin embargo, siempre *genios* y no *héroes*, porque la palabra *genio* tiene la acepción que aquí se ofrece, y en cambio la palabra *héroe* ha venido a restringirse de tal modo que sólo significa la exaltación de un esfuerzo, y más principalmente de la fuerza militar. En los tiempos modernos, únicamente Carlyle en sus célebres lecturas *Los héroes*, ha usado esta palabra como los griegos, y sobre todo los pitagóricos. Hierocles hace proceder la palabra héroes de *erotes*, *amores*, como Platón en el *Cratilo*. Dacier cree que viene del caldeo *aris*, que significa «valiente». Yo creo más bien que viene directamente del *helios*, griego, el Sol, aunque más remotamente venga de otra parte. El héroe es un hijo del Sol, y no de cualquier modo.

[74] Véase nota 72: demonio, de *daemon*, significa «inteligente».

[75] Quiere referirse a Sócrates y a Platón.

[76] Esta sentencia así, a la letra, es de Epicteto.

[77] El *karma* de los budistas.

[78] Se habla con más frecuencia de la roca de Sísifo que de la de Tántalo. La fábula celebra el hambre y la sed de Tántalo en medio de las aguas y de las frutas, y es así cómo Homero habla en el libro XI de *La Odisea*. Hierocles no se equivoca, sin embargo, y es menester que la fábula variase porque Platón habla de la roca de Tántalo en el *Cratilo*, donde de esa roca que levanta sobre su cabeza él saca la etimología de su nombre.

[79] En el *Critón* de Platón.

[80] Es uno de tantos libros perdidos.